Helmut G. Hofmann

Edelsteintherapie –
kurz & praktisch

Herausgegeben von Rainer Kakuska

Helmut G. Hofmann

Edelsteintherapie – kurz & praktisch

Verlag Hermann Bauer
Freiburg im Breisgau

Die Deutsche Bibliothek – CIP-Einheitsaufnahme

Hofmann, Helmut G.:
Edelsteintherapie – kurz & praktisch /
Helmut G. Hofmann [Hrsg. von Rainer Kakuska]. –
Freiburg im Breisgau : Bauer, 1995
  (. . . – kurz & praktisch)
  ISBN 3-7626-1104-1

Die Reihe ». . . – kurz & praktisch« erscheint im
Verlag Hermann Bauer KG, Freiburg im Breisgau

Mit 7 Zeichnungen

1. Auflage 1995
ISBN 3-7626-1104-1
© 1995 by Verlag Hermann Bauer KG, Freiburg im Breisgau
Alle Rechte vorbehalten
Einband: Designagentur Peter Krafft, Freiburg im Breisgau
Satz: CSF · ComputerSatz GmbH, Freiburg im Breisgau
Druck und Bindung: Clausen & Bosse GmbH, Leck
Printed in Germany

Gedruckt auf chlorfrei gebleichtem Papier

Inhalt

Teil 1

Grundwissen

Einführung 11
Geschichte 14
Begriffe 18
Erkennen und Bestimmen der Edelsteine . . . 20
Wirkung und Nutzen der Steine 25
Farben und Steine 31
Chakras 40
Form und Schliff 49

Teil 2

Die Praxis

Erwerb 57
Auswahl 59
Reinigung und Pflege 63
Aufbewahrung 66
Verwendung 67
Meditation mit Edelsteinen 72
Behandlung 76
Edelsteinwasser und -essenzen 84
Edelsteine und Reiki 88

Edelsteine und Blütenessenzen 90
Edelsteine und Aromatherapie 92
Praktische Übungen mit den Steinen 94
Zielverwirklichung mit Kristallen 98
Fortgeschrittene Praxis 100
Astrologie und Edelsteine 110
  Widder 112 · Stier 114 · Zwilling 116 · Krebs 118 ·
  Löwe 120 · Jungfrau 122 · Waage 124 · Skorpion 127 · Schütze 129 · Steinbock 131 · Wassermann 133 · Fische 135
Pendeln 137
Schmuck, Amulett und Talisman 149
Irrtümer und Mißbrauch 153

Teil 3

Die wichtigsten Steine und Metalle

Edelsteine – alphabetisch 159
  Achat 159 · Amazonit 160 · Amethyst 160 · Apatit 161 · Aquamarin 161 · Aventurin 162 · Azurit 162 · Bergkristall 163 · Bernstein 164 · Calcit 164 · Chalzedon 165 · Charoit 165 · Chrysokoll 166 · Chrysopras 166 · Citrin 167 · Diamant 167 · Dumortierit 168 · Falkenauge 168 · Feueropal 169 · Fluorit 169 · Granat 170 · Hämatit 170 · Heliotrop 171 · Jade 171 · Jaspis 172 · Karneol 172 · Koralle 173 · Labradorit 173 · Lapislazuli 173 · Larimar 174 · Magnetit 174 · Malachit 175 · Moldavit 175 · Mondstein 176 · Moosachat 176 · Obsidian 177 · Olivin 177 · Onyx 178 · Opal 178 · Perle 179 · Pyrit 179 · Rauchquarz 180 · Rhodochrosit 180 · Rhodonit 181 · Rosenquarz 181 · Rubellit 182 · Rubin 182 · Rutilquarz 183 · Saphir 183 · Schörl 184 · Smaragd 184 · Sodalith 185 · Sonnenstein 185 · Sugilit 186 · Tigerauge 186 · Turmalin-

quarz 187 · Turmalin 187 · Grüner Turmalin 188 · Blauer Turmalin 188 · Türkis 188 · Zoisit mit Rubin 189
Metalle und ihre Eigenschaften 190
Aluminium 191 · Blei 192 · Gold 192 · Eisen 193 · Kupfer 193 · Messing 194 · Platin 194 · Silber 195

Anhang

Literatur 197
Edelsteine und Heilung 197 · Edelsteinessenzen 201 · Heilige Hildegard und Edelsteine 201 · Astrologie und Edelsteine 202 · Steine bestimmen, sammeln und schleifen 202 · Metalle 203 · Reiki 203 · Chakras 204 · Aromatherapie 205 · Blütenessenzen 206 · Farben 207
Über den Autor 208

Teil 1

Grundwissen

Einführung

Die Edelsteintherapie ist dabei, ihren Platz in der Naturheilkunde zu festigen: Immer mehr Menschen setzen die Steine zur Heilung, Harmonisierung und spirituellen Entwicklung ein. Der Wunsch nach fundierten Erfahrungsberichten – vor allem auch in Verbindung mit anderen Heilmethoden – ist daher entsprechend groß. Es ist an der Zeit, bereits bestehende Aussagen zu verdeutlichen und zu ergänzen sowie die Erfahrungen in Verbindung mit anderen Methoden genauer zu betrachten, kurz gesagt, die Vielseitigkeit der Kristalle darzustellen und als wichtige Lebenshilfe nutzbar zu machen. In diesem Zusammenhang gilt es auch, Mißverständnisse und falsche Vorstellungen über die Anwendung und Wirkung der Edelsteine auszuräumen.

Im Grunde genommen handelt es sich bei diesem Buch um ein breitgefächertes und übersichtliches Nachschlagewerk, entstanden aus jahrelanger Arbeit mit den Steinen und anderen alternativen Methoden des Heilwerdens und der Meditation. Die heute so selbstverständliche, von vielen Menschen gar nicht richtig bewertete Anwendung von Quarzen (nämlich Kristallen!) in der Technik hat trotzdem einiges dazu beigetragen, das gewaltige Potential der »Steine« besser zu beachten. Ein Kristall kann zum Beispiel in einer Quarzuhr durch geringfügige Energie (Batterie) in so präzise Schwingungen versetzt werden, daß er zum »Taktgeber« der genauesten Zeitmesser der Geschichte avancierte. Dieses simple Beispiel zeigt, wie sehr es sich lohnt, die phänomenalen Speicher- und Übertragungskapazitäten von Kristallen auch für andere, weit wichtigere Lebensbereiche in Betracht zu ziehen. Die meisten Edelsteine sind aufgrund ihrer Struktur und Beschaffenheit »Kristalle«. Was hier in überschaubarer und leicht abrufbarer Form vermittelt werden soll, ist Wissen über alle Aspekte dieser »Steine« und über die liebevolle Arbeit mit ihnen.

Natürlich mag es genügen zu »glauben«, daß dieser oder jeder schöne Stein auch die ihm nachgesagten Wirkungen hat. Ernsthafte Beschäftigung mit der Materie setzt aber voraus, daß man weiß, aus welchen unterschiedlichen Kriterien sich die Summe dieser erwünschten Wirkung ergibt. Licht und Farbe, Form und Schliff, Transparenz und Härte, kristalline Strukturen und chemische Zusammensetzung sind wichtige Eigenschaften des »Individuums Kristall«. Dieses »Wissen« soll letztendlich zur richtigen Auswahl und damit zum erfolgreichen Einsatz der Edelsteine führen.

Jeder Edelstein ist schon für sich ein unschätzbares Energiereservoir, das uns für die Lösung vieler körperlicher und seelischer Probleme zur Verfügung steht. Aber die Steine können mehr: Viele der bekannten und bewährten Naturheilmethoden lassen sich durch sie verstärken – von der Farbtherapie über Reiki, Bachblüten bis zur Aromatherapie kann man viele natürliche Heilansätze durch die hinzugenommene Wirkung der Edelsteine verbessern. Auch für den faszinierenden Bereich der Astrologie sind Edelsteine von erweiternder Bedeutung. Es gibt praktisch keinen Lebensbereich, den sie nicht mit ihrem Licht erhellen und keine Situation, in der sie nicht hilfreich sein können.

Es war mir wichtig, die hier nur skizzierten Zusammenhänge und Möglichkeiten in dem vorliegenden Buch so genau wie möglich aufzuzeichnen. Es wäre schön, wenn ich die edlen Steine damit auch zu Ihren Freunden und Helfern machten könnte.

Geschichte

Seit Urzeiten sind die Menschen mit Nutzen und Kräften der Steine vertraut. Schon der Name Steinzeit drückt den frühgeschichtlichen Umgang mit Steinen aus. Sie wurden als Kultobjekt, Opfergabe, Werkzeug, Schmuck, Waffe, zum Feuerschlagen und später auch als Zahlungsmittel gebraucht. Viele archäologische Funde brachten Edelsteine als Grabbeilage zutage. Die Germanen ritzten Runen in ihre Kultsteine, und enorme Steinblöcke oder Felsen dienten ihnen als Versammlungsort. Monolithe, wie zum Beispiel die Kaaba in Mekka, waren und sind noch heute das Ziel unzähliger Pilger.

Auf den Osterinseln wurden riesige Skulpturen aus Stein gehauen; andere Kulturen ritzten Symbole, Botschaften und Inschriften in Steine. Heute noch werden Kunstobjekte, Denkmäler, Grabschmuck und Tafeln aus Stein gemeißelt und beschrieben, damit sie die Zeiten überdauern können und der Nachwelt erhalten bleiben. Versteinerungen aus Kalksteingebirgen und von Vulkanasche verschüttete Städte erzählen von dem Leben und den Ereignissen längst vergangener Zeiten.

Geheimnisvolle Geschichten über Lemuria und Atlantis berichten von Kristallen, die sowohl als machtvolle Energiewerkzeuge als auch zur Heilung benutzt wurden.

Die Ägypter schnitten ihren geheiligten Mistkäfer, den Skarabäus, aus Lapislazuli, fertigten

Schminke und Medizin aus gemahlenem Malachit und legten Edelsteine zum Schutz der toten Pharaonen in die Königsgräber. Man nimmt auch an, daß die Spitze der großen Pyramide in Gizeh einen riesigen Kristall trug, der als Energieumwandler diente.

Griechen und Römer schnitten Gemmen, Kameen, Symbole und Inschriften in Achat, Amethyst, Sardonyx und andere Steine.

Die indische Kultur war besonders mit dem Mondstein und seinem weiblichen, träumerischen, phantasievollen Charakter verbunden. Die erfolgreiche indische Ayurvedamedizin verwendet auch heute noch Edelsteine als wichtiges Heilmittel. Bei diesem Naturheilverfahren werden die Steine vor allem in pulverisierter Form angewandt. Auch im europäischen Raum werden seit Jahrhunderten Edelsteinpulver und Trinkelexiere für medizinische Zwecke verwendet.

Azteken, Chinesen, Indianer, Inkas, Mayas, Perser, Sumerer sowie andere Hochkulturen und Naturvölker wußten die Kristalle zu schätzen und ihre Kräfte einzusetzen. Edelsteine wurden zur Diagnose, zur Heilung, als Energiewerkzeuge, für magische Rituale, als Schutzobjekte und natürlich auch als Schmuck verwendet.

Viele Märchen, Sagen und Legenden erzählen von geheimnisvollen Juwelen, die Wohlstand, Glück, Liebe, Gesundheit und Schutz vor Hexen, Zauberern und Geistern schenkten. Göttergeschichten des Fernen Ostens berichten über Magie, Kraft und Schutzfunktion der Steine. Auch Erkenntnisse über die in den Steinen enthaltenen Farben und ihren Einfluß auf die verschiedenen Körperbereiche des Menschen sind überliefert.

Von den Kreuzzügen wurde Wissen aus der arabischen Steinheilkunst mit nach Europa gebracht.

Kaiser, Könige, Fürsten und geistige Herrscher verwendeten Edelsteine für Schmuck, Kleidung und Reichsinsignien, wie Kronen und Zepter, um damit ihre Ausstrahlung und Kraft zu verstärken, sowie als Ausdruck des Wohlstandes und der Macht.

Edelsteine galten nicht nur als schön und wertvoll, sondern wurden auch als Gebetsschnur, Talisman oder Amulett getragen, um persönliche Ziele schneller zu verwirklichen oder sich zu schützen.

Das zweite Buch Moses in der Bibel berichtet von dem mit zwölf edlen Steinen geschmückten Brustschild. Der Hohepriester trug ihn, um den Tempel des Salomon zu betreten. Diese Steine symbolisierten die zwölf Stämme Israels. Die Angaben, welche Steine dabei verwendet wurden, sind je nach Bibelübersetzung etwas unterschiedlich, zumal früher einige Steine andere Namen trugen oder auch in blumenreicher Sprache umschrieben wurden. Einer griechischen Übersetzung zufolge waren es: Achat, Amethyst, Chrysolith (Olivin), Diamant, Hyazinth, Karneol, Lapislazuli, Rubin, Saphir, Sarder, Smaragd und Topas.

Auch für die zwölf Tore Jerusalems, die in der Offenbarung des Johannes erwähnt werden, sind zwölf verschiedene Edelsteine genannt. Der Bibelbericht von den kostbaren Edelsteingeschenken der Königin von Saba an König Salomon zeigt, daß Juwelen schon damals hochgeschätzt wurden.

Hildegard von Bingen, geboren 1098, war ein kränkliches Kind, das schon in frühen Jahren Visionen hatte und Vorhersagen machte. Ihren Eltern war das unheimlich, und sie wurde daher zur Erziehung in ein Benediktinerkloster gegeben. Dort lernte sie Latein und beschäftigte sich mit den Wissenschaften und der Heilkunde. Aufgrund ihres Wissens und ihrer Visionen wurde ihr Rat sogar von Bischöfen, Päpsten, Königen und Kaisern geschätzt. Die heilige Hildegard verfaßte um 1150 etliche Schriften über Naturheilkunde, darunter auch ausführliche Anleitungen, wie man Edelsteine zum gesundheitlichen Nutzen verwenden kann. Sie bezeichnete die Steine als Heilgeschenk Gottes an die Menschen. Ihr Wissen wurde in unserer Zeit wiederentdeckt. Verschiedene Bücher berichten heute über die Einsatzmöglichkeiten der »Hildegardsteine« und die Erfahrungen damit.

Eine ganze Reihe von Schriftstellern schrieb über die Kräfte und Heilwirkungen der Edelsteine. Plinius (um 50 n. Chr.), der wohl einen Teil seines Wissens aus den Büchern des persischen Propheten Zoroaster (auch Zarathustra genannt, um 600 v. Chr.) hatte, ordnete bestimmte Edelsteine den Planeten zu. Der Arzt Claudio Galenus (um 130), der griechische Bischof Epiphanius, Marbod von Rennes (um 1050), Albertus Magnus (um 1230) und Agrippa von Nettesheim (um 1500), um nur einige zu nennen, schrieben ihr Wissen über Edelsteine und deren Verwendung bei Krankheiten nieder. Georgius Agricola (um 1550) studierte Mineralien und Bergbau und veröffentlichte seine Erkenntnisse, die lange Zeit als richtungsweisend galten.

In der jüngeren Vergangenheit hat besonders Rudolf Steiner, der Gründer der Anthroposophie, die Beziehung der Edelsteine zum Menschen klargemacht.

Heute benutzt man im Labor hergestellte Quarzkristalle in der Computertechnologie zur Verarbeitung von Informationen. Viele Kristalle können heute synthetisch hergestellt oder im Labor gezüchtet werden. Uhren und Feuerzeuge funktionieren mit Quarzkristallen, und auch andere moderne

Techniken, wie zum Beispiel der Laser, wären ohne Edelsteine nicht denkbar. Die technischen Erfahrungen haben zugleich unser Verständnis von Kristallen, ihrem Wachstum und ihren Kräften erweitert. Viele Anwendungsmöglichkeiten der Edelsteine sind auch für den Gesundheitsbereich bekannt, und die Vielzahl der neuen Bücher über Steine und ihre Wirkung zeigt das steigende Interesse an dieser faszinierenden Möglichkeit, die Kräfte der Natur zu nutzen.

Begriffe

Zum besseren Verständnis der vorkommenden Begriffe gebe ich einige Erläuterungen:

amorph: Gestaltlos. Man bezeichnet damit Steine, welche keine Kristallstruktur haben, sondern eine ungeordnete, strukturlose Masse bilden, wie zum Beispiel Obsidian und Opal.

Blockade: Hier sind Körperstellen gemeint, durch welche die Vitalkraft oder Lebensenergie nicht richtig fließt, sondern staut. Das kann sowohl Ausdruck einer Krankheit sein als auch auf festgefahrene oder gestaute Gefühle zurückzuführen sein.

Chakras (oder Chakren): Die feinstofflichen Energiezentren des menschlichen Körpers, die Energie aufnehmen, verteilen und auch abgeben können. Das Wort Chakra kommt aus dem Sanskrit und bedeutet Rad, denn die Chakras sind in ständiger drehender Bewegung. Weitere Erläuterungen dazu im Abschnitt *Chakras* (Seite 40 ff.).

Edelstein: Früher wurden nur einige besonders wertvolle Steine als Edelsteine bezeichnet. Heute nennt man alle schönen Steine und Mineralien, darunter auch die Steine organischen Ursprungs wie Bernstein, Koralle und Perlen, sowie synthetische Exemplare Edelsteine. Bei der Edelsteintherapie sollte man jedoch möglichst nur Natursteine verwenden.

Druse: Eine Höhlung in einem Stein, die mit Kristallen ausgekleidet ist.

feinstofflich: Körper und Energien, die man entweder nur mit sehr sensiblen Meßinstrumenten oder mit außersinnlicher Wahrnehmung erkennen kann, im Gegensatz zur grobstofflichen Materie, die sichtbar und faßbar ist.

Gemme: Schmuckstein mit einer vertieft eingeschnittenen Darstellung.

Kamee: Ein Schmuckstein mit erhaben geschnittenem Bild.

Karat (Carat): Hier unterscheidet man zwei Begriffe. Zum einen wendet man Carat (ct.) als Gewichtseinheit für wertvollere Steine an. Ein Carat hat 0,2 Gramm. Rohsteine und preiswertere Steine werden in Gramm (g) gewogen. Das Caratgewicht eines Steins wird meist mit zwei Dezimalstellen angegeben. Zum Beispiel 0,25 ct. = ein Viertel Carat oder 0,05 g.

Zum anderen bezeichnet Karat den Reinheitsgrad von Gold. So ist mit 24 Karat pures Gold gemeint. 18 Karat bezeichnet 750er Gold oder ein Anteil von 75 % oder drei Viertel Gold.

Kristalle: Steine, die in einer Kristallstruktur wachsen. Dieser atomare Gitterbau entwickelt sich in einer geometrischen Ordnung und bestimmt dadurch die Eigenschaften, wie zum Beispiel Härte und Dichte, der Mineralien und Edelsteine. Fast alle Edelsteine sind auch Kristalle, bis auf die amorphen Steine.

Minerale: Natürlich in der Erde gewachsene Steine. Die meisten Mineralien sind auch Kristalle. Die Zusammensetzung eines Minerals wird durch seine chemische Formel angegeben.
opak: Undurchsichtig.
Schmuckstein: Mit dieser Bezeichnung sind die weniger wertvollen undurchsichtigen, schmückenden oder für Schmuckstücke geeigneten Steine gemeint.
Stein: Hier im Sinne von Edelstein verwendet.

Erkennen und Bestimmen der Edelsteine

Das Mineralreich ist mit über 3000 verschiedenen Gesteinen sehr groß. Deshalb unterscheiden Fachleute und Sammler die Edelsteine nach verschiedenen Merkmalen und mit unterschiedlichen Methoden. Davon sind auch einige für den Anfänger geeignet, zumal anfangs nur ungefähr 50 bis 100 Steinarten für die Edelsteintherapie verwendet werden. Deshalb werden hier zunächst die einfacheren Bestimmungsmethoden vorgestellt, um danach zu den spezielleren zu kommen.

1. *Farbe:* Die sichtbare Farbe eines Steins ist das einfachste Unterscheidungsmerkmal. Sehr viele Steine kann selbst der Laie auf den ersten Blick an ihrer Farbe erkennen. Die meisten Farben entstehen in den Steinen durch Anteile von Aluminium, Chrom, Eisen, Kobalt, Kupfer, Mangan, Nickel oder Titan.
2. *Strichfarbe:* Etwas genauer ist die Bestimmung durch die Strichfarbe des Steins. Dazu braucht man eine unglasierte Porzellantafel. Man reibt

mit dem Stein über die Tafel und hinterläßt dadurch einen farbigen oder auch farblosen Abrieb auf der sogenannten Strichplatte. Dieser Strich zeigt die wirkliche Farbe des Minerals an. Einige Edelstein-Bestimmungsbücher sind auch nach der Strichfarbe gegliedert, so daß man die Steine leichter finden kann.

3. *Transparenz:* Die Durchsichtigkeit ist auch ein einfaches Erkennungsmerkmal der Steine. Allerdings gibt es viele Steine, die in verschiedenen Transparenzgraden vorkommen. Man unterscheidet zwischen durchsichtig (transparent), durchscheinend und undurchsichtig (opak).

4. *Farbmuster:* Einige Edelsteine haben keine einheitliche Farbe, sondern bestimmte Farbstrukturen und Muster, die besonders typisch für sie sind, wie zum Beispiel Malachit, Tigerauge oder Rhodochrosit.

5. *Glanz:* Je nachdem, wie das Licht vom Edelstein geschluckt wird, entsteht ein Glanz auf der Oberfläche des Steins. Je stärker die Lichtbrechung eines Steins ist, desto mehr Glanz hat er. Man kennt verschiedene Glanzarten: Glasglanz (am häufigsten), Fettglanz, Metallglanz, Seidenglanz, Diamantglanz, Porzellanglanz und Wachsglanz. Je nach Stärke des Glanzes unterscheidet man zwischen stark glänzend, glänzend, schimmernd und matt. Steine ohne Glanz bezeichnet man als matt.

6. *Härte:* Auch die Härte ist ein verhältnismäßig einfaches Bestimmungsmerkmal eines Minerals. Anhand der Härteskala, die vor etwa 150 Jahren von dem Mineralogen Friedrich Mohs entwickelt wurde, unterscheidet man:

Härte	Beispiel	Merkmal
1	Talk	Mit dem Fingernagel abreibbar.
2	Gips	Mit dem Fingernagel ritzbar.
3	Calcit	Mit einer Kupfermünze ritzbar.
4	Fluorit	Mit einem Messer leicht ritzbar.
5	Dioptas	Mit einem Messer ritzbar.
6	Orthoklas	Mit einer Stahlfeile ritzbar.
7	Bergkristall	Ritzt Fensterglas.
8	Topas	Ritzt Bergkristall oder anderen Quarz.
9	Korund	Ritzt Topas.
10	Diamant	Einsame Spitze. Nicht ritzbar. Ritzt Korund.

Im Fachhandel gibt es auch Ritzbestecke zu kaufen, mit denen man die Härte eines Steins prüfen kann. Geschliffene Steine sollte man allerdings nicht durch Ritzen prüfen, da man sonst die Ritzspuren sieht.

7. *Spaltbarkeit und Bruch:* Abhängig von Härte und Kristallsystem lassen sich Mineralien unterschiedlich spalten. Wenn ein Stein sich leicht spalten läßt, nennt man ihn sehr vollkommen spaltbar. Die nächsten Stufen sind vollkommen, unvollkommen und nicht spaltbar.

Die beim Spalten eines Steins entstehende Fläche bezeichnet man als Bruch. Je nach Aussehen gibt es unterschiedliche Bezeichnungen. Zum Beispiel glatt, erdig, muschelig, uneben oder faserig.

8. *Kristallstruktur und Form:* Kristalle wachsen in sieben Kristallsystemen: kubisch, tetragonal,

hexagonal, rhombisch, trigonal, monoklin und triklin. Jedes System hat seine spezielle Achsen- und Winkelstruktur, nach der sich die Kristalle entwickeln und anhand derer der Fachmann sie einordnen kann.

Auch die äußere Form eines Minerals zeigt oft typische Merkmale, nach denen man es bestimmen kann. Zum Beispiel die Würfelform des Pyrits, die Spitzen und Flächen des Bergkristalls oder die Oktaederform des Fluorits.

9. *Chemische Zusammensetzung:* Die am häufigsten vorkommenden Grundstoffe in der Mineralwelt sind Kieselsäure, Kohlenstoff, Kalk und Magnesium in unterschiedlichen Mischungen und Zusammensetzungen. Mit einer chemischen Formel wird die Zusammensetzung eines Steins angegeben.

10. *Spezifisches Gewicht:* Damit wird das Gewicht eines Edelsteins im Verhältnis zum Gewicht des gleich großen Volumens an Wasser angegeben. Bei Steinen liegt das spezifische Gewicht zwischen eins (so schwer wie Wasser) und sieben. Errechnet wird das spezifische Gewicht, indem man das Gewicht des Edelsteins durch sein Volumen teilt. Für den Sammler ist dies eine gute Bestimmungsmethode.

11. *Lichtbrechung:* Wenn Licht in einen Kristall eintritt, wird es in einer für diesen Stein typischen Form gebrochen. Da diese Lichtbrechung immer gleich bleibt, kann man sie zum Bestimmen der Edelsteine benutzen. Dazu sind jedoch verhältnismäßig aufwendige Geräte wie ein sogenanntes Refraktometer notwendig. Mit ihm kann man den Brechungsindex eines Steins erkennen und anhand von entsprechenden Tabellen den Edelstein bestimmen.

Fälschungen

Wie alles, was besonders schön und wertvoll ist, werden auch Edelsteine nachgemacht und gefälscht. Die billigsten Nachahmungen sind aus Glas, Kunststoff oder Kunstharz. Man kann sie meist leicht am Aussehen und bei der Härteprüfung erkennen. Synthetisch hergestellte Steine sind vom Laien kaum zu erkennen, da sie teilweise die gleichen physikalischen Eigenschaften haben wie natürliche Steine. Nahezu alle Steine können heute künstlich hergestellt werden.

Dubletten sind Steine, die mit farbigen Gläsern oder preisgünstigeren Steinen in zwei Schichten zusammengeklebt werden, um dadurch eine schönere Farbe oder einen wertvolleren Stein vorzutäuschen. *Tripletten* werden aus drei Schichten zusammengeklebt.

Steine werden oft erhitzt, damit sie eine schönere Farbe bekommen. Auch Röntgenstrahlen oder radioaktive Strahlen werden zur Farbveränderung von Edelsteinen benutzt. Manche Steinsorten werden auch eingefärbt, wenn sie Farbe gut aufnehmen, wie zum Beispiel der Achat.

Oft werden auch falsche Namen oder Handelsnamen verwendet, um wertvollere Steine vorzutäuschen. Zum Beispiel wird rosa Topas als Brasil-Rubin oder blau gefärbter Jaspis als Schweizer Lapis bezeichnet.

Seriöse Geschäfte geben jedoch an, welche Steine behandelt wurden, und zeichnen Imitationen als solche aus. Beim Kauf von hochwertigen Steinen empfiehlt es sich, auch eine Expertise zu verlangen. Damit lassen sich die Steine auch leichter wieder verkaufen.

Wirkung und Nutzen der Steine

Wenn man sich mit Edelsteinen und ihren heilenden Eigenschaften beschäftigt, wird man sich zunächst die Frage stellen, warum Steine wirken und wie sie einsetzbar sind. Oft sind die Vorstellungen dazu sehr einseitig oder auch nicht besonders einleuchtend. Deshalb sind nachfolgend die verschiedenen Wirkungsaspekte der Edelsteine aufgeführt.

Jeder Therapeut hat seine eigene Art, mit den Steinen umzugehen. Manche berücksichtigten nur die Farbwirkung der Steine, andere arbeiten nur mit Bergkristall, wieder andere arbeiten mit der chemischen Zusammensetzung der Steine, und einige Therapeuten verlassen sich auf ihre Intuition bei der Auswahl der Steine.

Doch wer mit Steinen arbeitet, sollte sich in jedem Fall der Vielseitigkeit der Edelsteine bewußt sein. Es ist nicht nur die Farbe oder die chemische Zusammensetzung, sondern es sind alle Aspekte eines Steins, die ihm seinen individuellen Charakter und seine spezielle Wirkung verleihen. So unterschiedlich wie die einzelnen Menschen sind auch die Edelsteine.

Ihre Wirkung beruht auf verschiedenen Komponenten:

Die *chemische Zusammensetzung* gibt an, aus welchen Bestandteilen ein Mineral besteht. Viele Edelsteine enthalten zu einem großen Teil Kieselsäure (SiO_2). Weitere oft vorkommende Stoffe sind Calcium (Ca), Kohlenstoff (C) und Magnesium (Mg). Elemente, welche die Farbe der Steine beeinflussen, sind zum Beispiel Aluminium (Al), Chrom (Cr), Eisen (Fe), Kobalt (Co), Kupfer (Cu), Mangan (Mn), Nickel (Ni) und Titan (Ti). Einige Edelsteine bestehen aus vielen verschiedenen Bestandteilen. So hat zum Beispiel der Labradorit die Formel Na ($AlSi_3O_8$) Ca ($Al_2Si_2O_8$), während Bergkristall nur aus Kieselsäure (SiO_2) besteht.

Indem man Edelsteine am Körper trägt, sie auflegt oder als Edelsteinwasser trinkt, profitiert man von ihren Bestandteilen und ihrer Energie. Die chemische Zusammensetzung der Steine wirkt vor allem auf Körper, Haut und Blut des Menschen.

Licht ist eine Energieform, die sich wellenförmig mit einer Geschwindigkeit von 300000 Kilometern pro Sekunde ausbreitet. Ohne das Licht der Sonne wäre kein Leben auf der Erde möglich. Nicht umsonst fängt die Schöpfungsgeschichte mit dem Satz »Es werde Licht« an. Licht erwärmt die Erde, sorgt für Luftströme, Regen und Helligkeit.

Das klare, weiße Licht besteht aus elektromagnetischen Schwingungen und enthält die sieben Spektralfarben des Regenbogens. Fällt Licht auf einen Körper oder auch einen Edelstein, so können die Lichtstrahlen entweder geordnet hindurchgehen (transparente Steine); oder sie werden teilweise zerstreut und nur einige Strahlen werden durchgelassen (durchscheinende Steine); oder sie prallen an der Oberfläche des Steins ab, beziehungsweise werden von ihm gänzlich aufgesogen (undurchsichtige Steine). So läßt zum Beispiel der klare, farblose Bergkristall das Licht durchfließen, während der schwarze Onyx alles Licht absorbiert.

Licht ist für Gesundheit, Wohlbefinden und Harmonie notwendig. Durch die Verwendung der Steine kommt mehr Licht in unser Bewußtsein und in unseren Körper.

Farbe: Licht und Farbe sind miteinander verbunden. Ohne Licht wären keinen Farben möglich. Die Farben sind die Sprache des Lichtes. Leitet man weißes Licht durch ein Prisma, wird es in die sieben Regenbogenfarben Rot, Orange, Gelb, Grün, Blau, Indigo und Violett aufgeteilt. Die Wirkung der Farben ist schon lange bekannt und wird in der Psychologie und in der Farbtherapie angewandt. Farben sind Kräfte. Sie regen das Zellwachstum an, wirken auf Nerven und Organe. Auch die Farbe der Nahrung, die wir zu uns nehmen, hat ihre entsprechende Wirkung, denn die Naturfarben der Pflanzen sind Nährstoffe, die Vitamine, Spurenelemente und Enzyme enthalten und Sauerstoff im menschlichen Organismus binden können. So sind zum Beispiel rote und gelbe Pflanzen, wie Tomaten und Karotten, Vitamin-A-haltig, und sie wirken anregend und erfrischend.

Farben sind mit Gefühlsstimmungen verbunden; Beispiel: Rot mit Aggression/Aktivität, Schwarz mit Trauer/Schutzbedürfnis. Im täglichen Leben suchen wir sehr bewußt bestimmte Farben, die uns als angenehm erscheinen, für Kleidung, Autos, Tapeten und Bedarfsartikel aus. Nicht immer ist uns jedoch dabei klar, welche Wirkungen diese Farben bei uns auslösen.

Edelsteine sind die vielseitigsten natürlichen Quellen von Farbe, denn Steine kommen in allen Farben und Tönungen vor. Durch die Farben werden die Energiezentren des Körpers angeregt und neue Farbimpulse in die Aura gebracht. Körper, Geist und Seele können durch Zuführung der fehlenden Farben harmonisiert werden. Farben sprechen besonders die Gefühlswelt an. Sie erfreuen auch das Auge und regen die Vorstellungskraft an (siehe *Farben und Steine*, Seite 31 ff.).

Kristallsystem: Der innere Aufbau eines Minerals, also die Anordnung seiner Atome, bestimmt seine äußere Form und seine Eigenschaften. Dieser Aufbau wird Kristallgitter, -system oder -struktur genannt. Die meisten Mineralien bilden Kristallformen und werden daher kristallin genannt. So, wie in der Musik Tonleitern aus sieben Klängen aufgebaut sind und das Licht sieben Spektralfarben enthält, so lassen sich auch die Kristalle in sieben Kristallsysteme einordnen:

kubisch (würfelig), *tetragonal* (vierseitig), *hexagonal* (sechsseitig), *trigonal* (dreiseitig), *rhombisch* (rautenförmig), *monoklin* (einseitig geneigt), *triklin* (dreifach geneigt). Steine, die kein Kristallgitter haben, wie zum Beispiel Bernstein, Moldavit, Obsidian und Opal werden *amorph* (gestaltlos) genannt.

Auch das menschliche Blut enthält kristalline Strukturen und ist daher mit den Kristallgittern der Steine verwandt. Kristallsysteme beeinflussen und fördern die formbildenden Prozesse im Körper, wie zum Beispiel das Zellwachstum.

Leitet man Energie in Kristalle, so fließt sie durch deren Kristallstruktur und wird dadurch harmonisiert und gebündelt und in eine andere Energieform umgewandelt.

Führt man zum Beispiel einem Kristall Elektrizität zu, so fängt er an zu schwingen. Dieses Prinzip wird etwa für Quarzuhren zur exakten Zeitmessung verwendet. Dazu wird ein Quarz mit einem batteriebetriebenem Schwingkreis verbunden. Dieser versetzt den Quarzkristall in äußerst präzise Schwingungen. Die Vibrationen werden gezählt und als Zeit angegeben. Eine andere Form von Energieumwandlung wird mit Quarz in einem piezoelektrischen Feuerzeug angewandt. Der Kristall wird unter Druck gesetzt und erzeugt elektrische Spannung, die als Funken zwischen zwei Elektroden das Feuerzeuggas entzündet.

So wird auch unsere körperliche und geistige Energie umgewandelt, gebündelt und harmonisiert, wenn wir Kristalle auf die Chakras legen oder am Körper tragen.

Form: Edelsteine wachsen in sehr vielen unterschiedlichen Formen, von Spitzen über Kugeln, Scheiben und Würfel bis hin zur Doppelpyramide (Oktaeder), um nur einige zu nennen. Die Form kann natürlich durch Schleifen verändert werden. Aber damit ändert sich dann auch die Ausstrahlung und Wirkung des Steins. Mit Hilfe der sogenannten Kirlian-Fotografie kann man sehr gut die Energieabstrahlungen der verschiedenen Formen sehen. Dabei werden Objekte mit Hochfrequenzfeldern auf Film abgebildet; sie weisen dann rund um die Konturen einen Strahlenkranz auf. So sieht man sehr deutlich, daß zum Beispiel ein Trommelstein eine andere Abstrahlung zeigt als eine Spitze der gleichen Steinsorte.

Die Form der kristallinen Edelsteine wird durch ihr Kristallgitter bestimmt und enthält oft verschiedene Symbole. Zum Beispiel wirkt die Würfelform (Pyrit) strukturierend und festigend, während eine Bergkristallgruppe mit ihren Spitzen aktivierend ist (siehe auch *Form und Schliff*, Seite 49 ff.).

Die *Transparenz* der Edelsteine ist unterschiedlich. Manche Steinarten kommen in verschiedenen Transparenzgraden vor. Durchsichtige Steine wirken auf Geist und Denkvermögen, durchscheinende Steine auf die energiespendenden Organe wie Herz und Lunge und opake (undurchsichtige) Steine auf die verarbeitenden Organe wie Magen und Darm.

Härte: Edelsteine lassen sich nach ihrem Härtegrad unterscheiden. Harte Steine, wie Diamant, Rubin und Safir, stärken und festigen Strukturen und Charaktereigenschaften, während weiche Steine, wie Selenit, Calcit und Fluorit starre Ansichten und Vorstellungen auflösen und dadurch mehr Toleranz vermitteln.

Außerdem hat jeder Edelstein eine ihm eigene *elektromagnetische Schwingung,* die sich mit der Kirlianfotografie als Aurafoto nachweisen läßt. Diese Ausstrahlung wird durch die Form des Steins bestimmt. Ändert man die Form durch Schleifen, so ändert sich auch seine Abstrahlung. Die elektromagnetische Schwingung beeinflußt die Energiekörper des Menschen.

Die *Größe* eines Steins ist nicht von vorrangiger Bedeutung. Die anderen Faktoren wie Farbe, Transparenz und Form sind wichtiger. Kleine Edelsteine können wie Katalysatoren wirken, die starke Reaktionen auslösen und neue Einsichten vermitteln.

Große Steine helfen uns, in größeren Dimensionen zu denken und kleinkarierte Gedanken und Minderwertigkeitskomplexe abzulegen. Die Ausstrahlung von größeren Steinen ist etwas stärker.

Die Gesamtwirkung eines Edelsteins ergibt sich also aus verschiedenen Faktoren. Da selbst Steine der gleichen Art Unterschiede zum Beispiel in Form und Farbtönung aufweisen, ist jeder Stein ein Individuum und hat seine eigene Schwingung und Ausstrahlung. Auch Muster, Zeichnung, Größe und Form sind für die Wirkung von Bedeutung. Außerdem ist von Interesse, ob ein Stein vollständig oder beschädigt ist.

Sogar der Fundort spielt eine Rolle für die Energie des Steins. Obwohl die Zusammensetzung die gleiche sein kann, ist die Wirkung von Kristallen verschiedener Herkunft unterschiedlich.

Die Ausstrahlung der Steine ist immer vorhanden. Jedoch ist die Wirkung auf den einzelnen Menschen unterschiedlich stark. Je nachdem ob

- er die Energie dieses Steins gerade braucht,
- sie eher dem entgegenwirkt, was er benötigt,
- er für die Wirkung des Steins offen ist
- oder sich dagegen verschließt. Dann dringt die Schwingung nicht so stark oder gar nicht zu ihm durch.

Durch die Anwendung nutzen wir die genannten Wirkungsaspekte des jeweiligen Edelsteins zur Harmonisierung sowie zur Heil- und Bewußtwerdung. Über Haut, Chakras und Aura nehmen wir die Schwingung, die chemischen Bestandteile, die Farben und sonstigen Aspekte des Steins auf.

Der Kontakt mit den Steinen regt die Kreativität und die Selbstheilungskräfte an, aktiviert unsere Energien, löst Blockaden und bringt uns dadurch weiter auf unserem Weg zu mehr Erkenntnis, Gesundheit und Harmonie. Über die praktische Anwendung der Edelsteine lesen Sie mehr im Abschnitt *Verwendung* (Seite 67 ff.).

Farben und Steine

Die seit Jahrhunderten bekannte Farbenlehre hat heute sowohl Eingang in Bereiche des täglichen Lebens, wie Wohngestaltung und Kleidung, als auch in den Heilbereich gefunden. Die Farbtherapie wird in der Psychologie ebenso wie in der Naturheilkunde eingesetzt, denn Farben sind, richtig genutzt, Kräfte, die auf Nerven und Organe wirken, das Zellwachstum anregen und besonders das Gemüt beeinflussen. Alle Farben setzen sich aus den drei Grundfarben Rot, Gelb und Blau zusammen. Durch Mischung in verschiedenen Verhältnissen entstehen alle anderen Tönungen.

Farbe ist Schwingung, und jede Farbe hat ihre eigene Schwingungsfrequenz. Durch die Augen und über die Haut nehmen wir diese Schwingungen auf. Mit der Anwendung von Farben werden die natürlichen Heilkräfte im Körper aktiviert. Wird eine Farbe abgelehnt, so weist das darauf hin, daß genau die Eigenschaften im eigenen Leben unterdrückt und nicht gelebt werden, für die die Farbe steht. Abneigung gegen Blau kann innere Unruhe bedeuten, und Antipathie gegen Rot kann ein Zeichen von unterdrückter Aggression, Sexualität und Lebensfreude sein. Farbenfrohe Menschen sind meist aufgeschlossen und aktiv, während schwermütige, introvertierte Menschen eher fahle, graue, braune und dunkle Farben bevorzugen.

Da die Farben ein wichtiger Aspekt der Edelsteine sind, wird ihre Wirkung näher beschrieben. Jeder Edelstein regt genau die Farben in unserer Aura und in unseren Chakras an, die bei ihm sichtbar sind. Deshalb sollten Sie klare, intensive und leuchtende Farben bevorzugen. Außerdem sind die zugeordneten Steine und Chakras aufgeführt:

Schwarz ist die Farbe der Weiblichkeit, des Urgrundes, des Unbewußten und der Nacht, aber auch der Trauer, der Dunkelheit, des Todes und der Einsamkeit. Es ist die Nichtfarbe, die alle Farben schluckt – der Gegenpol zum lebendigen Weiß.

Schwarz schützt vor negativen Energien, erdet und fördert Standhaftigkeit, Konzentration, Willenskraft und Ausdauer. Die Gedanken werden mit dieser Farbe ruhiger, aber auch unsere Schwachstellen werden durch sie bewußt gemacht. Wenn zuviel Schwarz verwendet wird, kann dies zu einer Unterdrückung der Lebenskraft, der Gefühle und der Wünsche führen. Schwarze Steine verwendet man in der Edelsteinbehandlung besonders zur Erdung und zum Schutz.
Edelsteine: Schwarze Jade, Magnetit, Obsidian, Onyx, Rauchquarz, Schörl (schwarzer Turmalin), schwarze Koralle.
Anwendung bei: Mangelndem Realitätssinn, Willensschwäche, Unentschlossenheit.
Zugeordnetes Chakra: Füße.

Braun als Farbe der Erde symbolisiert Wärme, Geborgenheit und Erdverbundenheit. Eigenschaften wie Standhaftigkeit und Widerstandskraft werden durch Braun verstärkt – manchmal auf Kosten der Klarheit und Übersicht. Es ist eine verdunkelte Mischung von Gelb und Rot. Die Lebenskraft und Aktivität des Rot ist in dieser Farbe gedämpft und verdunkelt. Zuviel Braun führt zu Passivität, Interesselosigkeit, Scheu, Zurückgezogenheit und Depressionen. Mönche tragen oft braune Kutten als Symbol der Verinnerlichung, des Zurückhaltens von Energien.
Edelsteine: Achat, brauner Diamant, Jaspis, Rauchquarz, Tigerauge, Zirkon.
Anwendung bei: Empfindlichkeit, Schutzbedürfnis, Unsicherheit, Verschwendungssucht.
Zugeordnetes Chakra: Füße und Basischakra.

Rot bedeutet Lebenslust, Macht, Energie, Liebe, Wärme und Kräftigung, es verbindet mit dem Unterbewußten und aktiviert nicht nur den Körper, sondern auch den Geist. Rot stärkt die Lebens- und Sexualkraft, fördert das Selbstvertrauen, aktiviert das Durchsetzungsvermögen und erregt die Aufmerksamkeit. Nicht umsonst ist das Haltezeichen der Ampeln rot. Wenn wir wütend sind, steigt uns die Röte ins Gesicht. Pflanzen wachsen schneller, wenn sie mit Rot bestrahlt werden. Wenn zuviel Rot verwendet wird, führt dies zu Aggression, Überreizung und Ablehnung.

Edelsteine: Achat, Blutjaspis, Granat, Hämatit, Koralle, Rubin, Rubinspinell, Silex.

Anwendung bei: Blutkrankheiten, Blutarmut, niedrigem Blutdruck, Impotenz, Schwäche, Depressionen, Herz- und Muskelproblemen.

Zugeordnetes Chakra: Basischakra.

Orange ist die Farbe von Energie, Freude, Gesundheit, Erotik und Mut. Es regt die Verdauung und den Kreislauf an. Außerdem steigert es Kreativität, Kontakt- und Lebensfreude sowie die Sexualkraft. Orange wird daher bei Depressionen und Lustlosigkeit eingesetzt. Oft sitzen Furcht, unterdrückter Ärger und Spannungen im Magenbereich und beeinträchtigen die Verdauung. Durch Auflegen von orangefarbenen Steinen kann man diesen Bereich wieder anregen. Orange hilft Jähzorn zu überwinden und verhilft zu mehr Selbstbeherrschung. Zuviel Orange kann zu Unruhe und Nervosität führen.

Edelsteine: Calcit (orange), Feueropal, Karneol, Padparadscha (orangefarbener Safir), Sonnenstein.

Anwendung bei: Blut- und Kreislaufproblemen, Verdauungsstörungen, mangelnder Energie, unterdrückten Emotionen, Allergien.
Zugeordnetes Chakra: Milzchakra.

Gelb steht für Verstand, Weisheit, Kreativität und ungebremste Spontaneität. Gelb aktiviert besonders das Gehirn. Ebenso werden Nerven, Magen, Darm, Leber, Lunge und Pankreas angeregt. Diese warme Farbe erleichtert analytisches Denken, das Erreichen von Zielen und regt die Vorstellungskraft an. Gelb als Farbe der Sonne vertreibt Trübsal und Melancholie und schenkt Freude. Zuviel Gelb kann sich in Eigensinn, Eifersucht oder Nervosität ausdrücken.
Edelsteine: Bernstein, Calcit, Rutilquarz, Schwefel, gelber Safir, Tigerauge, Topas, Turmalin, Zitrin.
Anwendung bei: Nervenschwäche, Magen-, Darm-, und Leberkrankheiten, Diabetes, Asthma, Gallensteinen, Verstopfung.
Zugeordnetes Chakra: Solarplexus.

Grün symbolisiert Frühling und Natur. Es läßt an rauschende Wälder und üppige Wiesen denken. Diese sanfte, harmonische Farbe ist dem Herzen, also der Körpermitte, zugeordnet und kann so zwischen den drei unteren, körperlichen, und den drei oberen, geistigen, Energiezentren ausgleichen. Grün entspannt, heilt verletzte Gefühle, beruhigt die Nerven und regt die Phantasie an. Es gilt als Farbe der Harmonie, der Hoffnung, der Beruhigung, der Heilung und der Natur. Zuviel Grün kann zu Depressionen und Unsicherheit führen.
Edelsteine: Alexandrit, Amazonit, Aventurin, Calcit, Chrysokoll, Chrysopras, Dioptas, Jade, Malachit,

Moldavit, Moosachat, Olivin (Peridot), Smaragd, Turmalin.
Anwendung bei: Blut-, Herz- und Nervenstörungen, Schlaflosigkeit, Streß, Müdigkeit.
Zugeordnetes Chakra: Herz.

Rosa ist als zweite Farbe neben Grün dem Herzen zugeordnet. Ihm fehlt die Aggressivität des Rot, und es symbolisiert Liebe, Frieden, Zärtlichkeit, Freundschaft und Sanftmut. Rosa hilft, das Herz zu öffnen, damit wir toleranter und liebevoller mit uns selbst und mit anderen umzugehen lernen. Die weibliche, zarte, sanfte und schützende Energie dieser Farbe mildert Streß, Aggressionen, Egoismus, Depressionen und übertriebene Leidenschaft. Zuviel Rosa kann zu Wunschdenken führen. Man hat dann die »rosa Brille« auf.
Edelsteine: Botswana-Achat, rosa Chrysopal, Koralle, Kunzit, Rhodochrosit, Rhodonit, Rosenquarz, Turmalin.
Anwendung bei: Jähzorn, Herzschmerzen, Negativität, Anspannung, Ärger.
Zugeordnetes Chakra: Herz.

Blau als Farbe von Meer und Himmel vermittelt Gelassenheit, Ruhe, Heilung und Klarheit. Es fördert außerdem Ausdrucksfähigkeit, Offenheit, Inspiration, Meditationen und wirkt dem Streß entgegen. Blau wird wegen seiner beruhigenden, fiebersenkenden, antiseptischen und heilsamen Ausstrahlung oft in Krankenhäusern als Wandfarbe verwendet. Aggressive Tiere wie Raubkatzen und Insekten meiden diese Farbe. Daher sind Haustüren in südlichen Ländern oft blau gestrichen, um die Insekten abzuhalten. Diese Farbe wird auch mit Verinnerlichung, Kontrolle, Weisheit und Zuverlässigkeit assoziiert. Blaue Kleidung vermittelt ein zurückhaltendes, vornehmes Erscheinungsbild. Zuviel Blau führt zu Träumerei, Schwermut, Müdigkeit, Gutgläubigkeit (»Blauäugigkeit«) und Verschlossenheit.

Edelsteine: Amazonit, Apatit, Aquamarin, Chalzedon, Chrysokoll, Chrysopal, Coelestin, Edeltopas, Fluorit, Kyanit, Larimar, Mondstein, Opal, Türkis, Turmalin.

Anwendung bei: Schilddrüsen- und Lymphproblemen, Entzündungen, Nervosität, hohem Blutdruck, Übererregung, Schlafstörungen, Verbrennungen.

Zugeordnetes Chakra: Kehle.

Indigo ist die Farbe der Nacht, der Mystik, des Ausgleichs, der Selbstkontrolle, des Gottvertrauens. Es ist dem »Dritten Auge«, damit den Gesichtsorganen Augen, Ohren und Nase zugeordnet, senkt den Blutdruck, regt Gedächtnis und Inspiration an und verhilft zu entspannten Meditationen. Bei überreizten Nerven und Geistesstörungen bringt es Ausgleich und Ruhe. Zuviel Indigo kann zu Unausgeglichenheit und Phlegma führen.

Edelsteine: Azurit, Dumortierit, Falkenauge, Fluorit, Labradorit, Lapislazuli, Safir, Sodalith, Tansanit, blauer Turmalin (Indigolith).

Anwendung bei: Krankheiten von Augen, Ohren und Nase, geistigen Störungen, Lungenkrankheiten, Durchfall.

Zugeordnetes Chakra: Drittes Auge.

Violett als Mischung von Rot und Blau bringt den Ausgleich der beiden Pole von Kraft und Ruhe, Körper und Geist. Es symbolisiert Spiritualität und Weisheit. Es wird aber auch als Farbe der

Trauer, der Buße, der Magie und des Übersinnlichen angesehen. Meist wird diese Farbe von reifen, empfindsamen und unabhängigen Menschen bevorzugt. Violett hilft bei Schlaflosigkeit, Schmerzen, Depressionen, und es stärkt die Intuition. Es regt besonders die geistigen und spirituellen Eigenschaften an und hilft uns, Begierden zu überwinden. Zuviel Violett kann zu Frustration, Depressionen und Migräne führen. Je nach Mischverhältnis zwischen dem vitalen Rot und dem kühlen Blau entstehen die Tönungen Purpur, Rot-Violett, Lila (Mittel-Violett) und Blau-Violett.
Edelsteine: Amethyst, Ametrin, Charoit, Fluorit, Lepidolit, Purpurit, Sugilit, Turmalin.
Anwendung bei: Kopfschmerzen, Migräne, Schlafstörungen, Depressionen, Geistesstörungen.
Zugeordnetes Chakra: Scheitel.

Weiß ist die Farbe von Männlichkeit, Aktivität, Reinheit, Unschuld, Jugend, Harmonie und dem Tag. Es kann aber auch Arglosigkeit, Unreife und Sterilität bedeuten. Diese helle Farbe bringt Licht in die Gedanken und fördert die Selbsterkenntnis. Zuviel Weiß kann sich in Perfektionismus, Unnahbarkeit und Gefühlskälte ausdrücken.
Edelsteine: Bergkristall, Diamant, weiße Koralle, Opal, Perle, Selenit, Spinell.
Anwendung bei: Unentschlossenheit, Angst, Unklarheit, Lustlosigkeit.
Zugeordnetes Chakra: Hände.

Edelsteine haben besonders schöne und vielseitige Licht- und Farbenergien. Sie sind eine wertvolle Hilfe, um das Energiegleichgewicht wieder herzustellen. Sie können die Edelsteine nach ihrer Farbwirkung einsetzen, indem Sie die Steine bei sich tragen, sie auf die entsprechenden Chakras legen, Edelsteinwasser trinken oder sie als Schmuck verwenden. Mit Edelsteinspitzen in verschiedenen Farben können Sie die Akupunkturpunkte des Körpers anregen.

Es gibt auch die von dem Heilpraktiker Peter Mandel entwickelten »Edelsteinstrahler«. Das sind sieben Punkstrahler, die je einen farbigen Edelstein als Spitze haben. Durch diese Steine wird ein Lichtstrahl geleitet. So kann, jeweils mit der entsprechenden Farbe, jedes Chakra behandelt werden, indem mit dem Punktstrahler farbiges Edelsteinlicht auf das Energiezentrum gestrahlt wird.

Chakras

Chakras (auch Chakren) sind die feinstofflichen Kraftzentren des Körpers, die sich ständig drehen und die Aufnahme und Abgabe von Lebensenergie steuern. Es gibt sehr viele Chakras im menschlichen Körper; hier werden die wichtigsten sieben Haupt- sowie zwei Nebenchakras beschrieben. Die sieben Hauptchakras haben ihren Ausgangs- und Mittelpunkt an der Wirbelsäule (siehe Abbildung 1). Von hier öffnen sie sich trichterförmig zur Vorderseite des Körpers, wobei sich das unterste Chakra zur Erde hin öffnet.

Das Wort Chakra kommt aus dem Sanskrit und bedeutet drehende Bewegung oder Rad, denn durch die kreisende Bewegung der Chakras entsteht ein Sogeffekt, mit dem Energien in den Körper gezogen oder nach außen abgegeben werden. Die Drehrichtung der Chakras sind bei Mann und Frau verschieden. Beim Mann dreht sich das Basischakra im Uhrzeigersinn, bei der Frau entgegengesetzt.

Außerdem wechselt mit jedem Chakra die Drehrichtung. Das bedeutet: Das Basischakra (beim Mann) dreht sich im Uhrzeigersinn, das Milzchakra dagegen, das Solarplexuschakra wieder im Uhrzeigersinn und so weiter bis zum Scheitelchakra.

In jedem Chakra sind zwar alle Farben enthalten, aber es überwiegt immer eine Farbe, die auch die Bedeutung dieses Energiezentrums symbolisiert.

Durch Angst oder unterdrückte Gefühle entstehen Blockaden in den Energiezentren, so daß sie langsamer drehen und dadurch weniger Energien aufnehmen und abgeben oder auch Energien anstauen. Durch Zuführung von entsprechenden Schwingungen, Farbimpulsen, Klängen, Aromastoffen, Edelsteinen oder Reiki (siehe Seite 88 ff.) können die Chakras angeregt und harmonisiert werden. Wenn die Chakras geöffnet und aktiviert sind und auch der Energiefluß von einem Energiezentrum zum anderen funktioniert, befindet man sich in Harmonie mit sich und dem Kosmos, in einem Zustand von Selbsterkenntnis und Liebe.

Eine gute Möglichkeit, dem näherzukommen, besteht darin, die Edelsteine entsprechend ihren Farben oder Kristallsystemen den Energiezentren des Körpers zuzuordnen und aufzulegen. Zur besseren Übersicht eine Aufstellung der sieben Haupt- und zwei Nebenchakras, deren Eigenschaften, körperliche Zuordnungen und mögliche Störungen sowie die zugehörigen Farben und Kristallgitter mit den entsprechenden Edelsteinen:

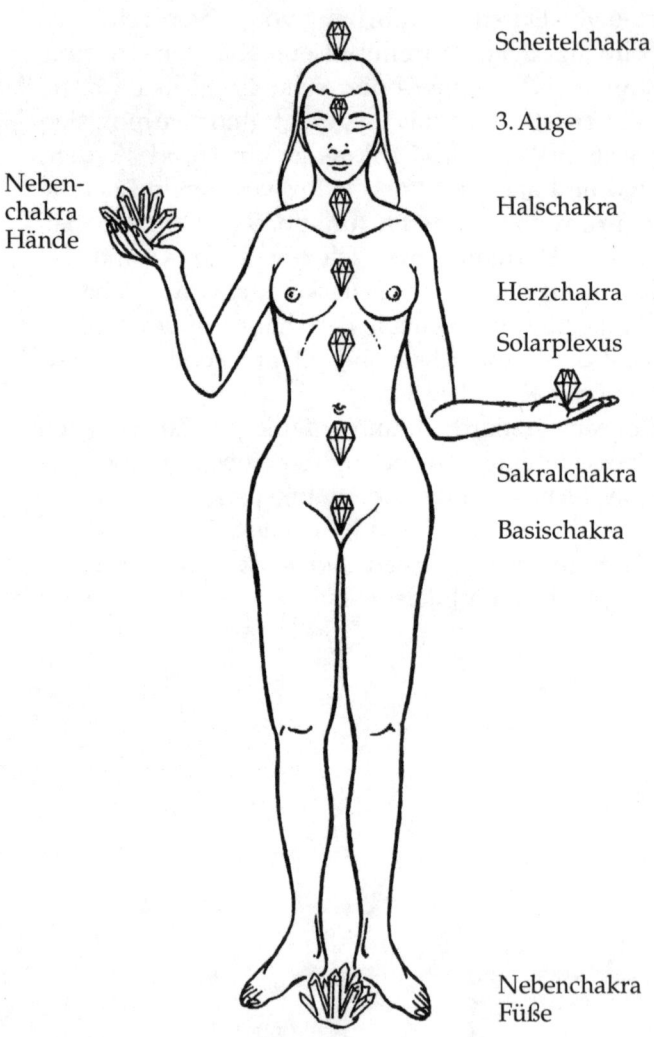

Abb.1: Die Chakras

1. Basis- oder Wurzelchakra

Lage: Zwischen Anus und Steißbein. Es öffnet sich nach unten und nimmt die Energie aus der Erde auf.
Farbe: Rot (Achat, Blutjaspis, Granat, Hämatit, Koralle, Rubin, Rubinspinell, Silex).
Kristallsystem: kubisch (Pyrit, Granat, Fluorit).
Körperliche Zuordnung: Beine, Blut, Wirbelsäule, Knochen, Darm, Nebennieren.
Eigenschaften: Dieses Chakra ist mit der Erde und ihren Energien verbunden. Es vermittelt Sicherheit, Lebensenergie, Erdverbundenheit, Sexualtrieb, Gestaltungskraft, Durchsetzungsvermögen, Verantwortungsbewußtsein und Mut. Die Grundbedürfnisse wie Existenzsicherung, Lebenserhaltung und -erneuerung gehören zu seinem Wirkungsbereich. Von hier fließt die Lebensenergie, die »Kundalini-Kraft«, über die Wirbelsäule zu den anderen Energiezentren.
Bei Störungen: Eine Überfunktion zeigt sich durch Aggression, Chaos, materielle Abhängigkeit, Egoismus, Habgier oder Stoffwechselstörungen. Zuwenig Energie drückt sich durch Lebensangst, körperliche Schwäche, mangelndes Selbstbewußtsein, Unsicherheit und Überforderung aus.

2. Sakral-, Sexual- oder Milzchakra

Lage: Über dem Schambein in Höhe der Milz. Es nimmt die Sonnenenergie auf.
Farbe: Orange (oranger Calcit, Feueropal, Karneol, orangefarbener Mondstein, Sonnenstein).
Kristallsystem: tetragonal (Apophyllit, Rutil, Zirkon).

Körperliche Zuordnung: Geschlechtsorgane, Nieren, Verdauung, Körperflüssigkeiten.

Eigenschaften: In diesem Chakra wird die Verdauung, die Ausscheidung, die Reinigung und das Wachstum reguliert. Beziehungen, Sexualität, Gefühle, Durchhaltevermögen, Kreativität und Gruppenbewußtsein werden hier geprägt.

Bei Störungen: Bei Überfunktion können Aggressionen, Sexgier und mangelndes Gefühlsempfinden auftreten. Zu wenig Energie führt zu Angst vor Kontakten, Schuldgefühlen, Gefühlskälte, geringem Selbstwertgefühl, Infektionskrankheiten und übertriebener Empfindlichkeit.

3. Solarplexus- oder Sonnengeflechtchakra

Lage: Eine Handbreit über dem Nabel. Hier liegt das vegetative Nervenzentrum; die Verdauung wird hier eingeleitet. Symbolisiert die Sonne im Körper.

Farbe: Gelb (Bernstein, Calcit, Goldtopas, Rutilquarz, Schwefel, gelber Saphir, Tigerauge, Turmalin, Zitrin).

Kristallsystem: hexagonal (Aquamarin, Beryll, Smaragd).

Körperliche Zuordnung: Magen, Galle, Leber, Pankreas, Nebenniere.

Eigenschaften: Hier sitzen Gefühle, Willenskraft, Leistungsstreben, Harmonie, Kreativität und Intellekt. Der Gefühlsaustausch läuft besonders über diese Energiezentrale.

Bei Störungen: Überfunktion zeigt sich als Perfektionismus, Neid, Suchtgefahr, Unruhe, Machtstreben und Gefühlsstau.

Pankreas-, Magen-, Leber- und Gallenleiden, Verstopfung, Depressionen, Ängste, Unsicherheit und Mißtrauen deuten auf eine Unterfunktion.

4. Herzchakra

Lage: Brustmitte beim Brustbein. Hier werden Blutzirkulation, Herz und durch die Thymusdrüse das Wachstum gesteuert.

Farbe: Grün (Alexandrit, Amazonit, Aventurin, Calcit, Chrysokoll, Chrysopras, Dioptas, Jade, Malachit, Moldavit, Moosachat, Olivin, Smaragd, grüner Turmalin). Grüne Steine symbolisieren Harmonie, Gesundheit und Natur.

Rosa (Botswana-Achat, rosa Koralle, Kunzit, Rhodochrosit, Rhodonit, Rosenquarz, Rubellit). Rosa Steine stehen für Liebe, Mitgefühl und Zärtlichkeit.

Kristallsystem: trigonal (Achat, Bergkristall, Dioptas, Hämatit, Turmalin, Zitrin).

Körperliche Zuordnung: Haut, Lunge, Herz, Kreislauf, Thymusdrüse.

Eigenschaften: Im Zentrum des Körpers und der anderen Energiezentren ist der Sitz von Toleranz, Liebe, Harmonie, Kontaktfreude, Heilung und Mitgefühl. Das Herz gilt als Sitz und Symbol der Liebe und der Seele. Ein aktiviertes Herzchakra hilft, uns selbst liebevoll so anzunehmen, wie wir sind. Es schenkt uns Toleranz und Liebe für die Mitmenschen, und es aktiviert die Selbstheilungskräfte.

Bei Störungen: Härte, Intoleranz, übertriebene Kritik, Besitzdenken und Abwehrhaltung können sich bei Überfunktion als Disharmonie zeigen.

Interesselosigkeit, Durchblutungsstörungen,

Herzbeschwerden, Blutkrankheiten, Immunschwäche, Lungenprobleme, Selbstmitleid und Angst sind Zeichen von mangelnder Energie.

5. Hals- oder Kehlchakra

Lage: In der Halsmitte unter dem Kehlkopf. Hier werden Lymphen und Schilddrüse gesteuert.
Farbe: Hellblau (Amazonit, Apatit, Aquamarin, Chalzedon, Chrysokoll, Coelestin, Edelstopas, Fluorit, Kyanit, Larimar, Mondstein, Opal, Türkis, Turmalin).
Kristallsystem: rhombisch (Alexandrit, Chrysoberyll, Coelestin, Peridot).
Körperliche Zuordnung: Hals, Kehle, Bronchien, Schilddrüse, Lymphen.
Eigenschaften: Gefühle werden hier über Sprache, Gesang, Tanz und Malerei ausgedrückt. Wissen, Kommunikation, Inspiration haben ihren Sitz im fünften Chakra.
Bei Störungen: Klatschsucht, Schilddrüsen- und Lymphprobleme, blockierte Intuition, Arroganz, Selbstsucht treten bei einer Überfunktion auf.
Ausdrucksstörungen, Angst, übertriebene Zurückhaltung, Unzuverlässigkeit sind Zeichen einer Unterfunktion.

6. Stirnchakra oder »Drittes Auge«

Lage: Zwischen den Augenbrauen, über der Nasenwurzel. Es regelt Denkvermögen und Intuition.
Farbe: Indigo (Azurit, Dumortierit, Falkenauge, Fluorit, Labradorit, Lapislazuli, Saphir, Sodalith, Tansanit, blauer Turmalin).

Kristallsystem: monoklin (Azurit, Charoit, Kunzit, Malachit).
Körperliche Zuordnung: Kleinhirn, Augen, Nase, Ohren, Hirnanhangdrüse.
Eigenschaften: Intuition, Weisheit, Konzentrationsvermögen, Sinnesorgane und außersinnliche Fähigkeiten sind hier zugeordnet. Bei einem harmonischen, aktivierten dritten Auge stehen uns mehr und mehr Fähigkeiten wie Hellsehen, Hellhören oder Hellfühlen zur Verfügung.
Bei Störungen: Chaos, Überheblichkeit, Egoismus, Machtstreben, Störungen der Sinnesorgane und Überbetonung des Verstandes können bei zuviel Energie auftreten.
Unterfunktion drückt sich in Vergeßlichkeit, Unsicherheit, Erschöpfung, Empfindlichkeit und Unordentlichkeit aus.

7. Kronen- oder Scheitelchakra

Lage: In der Mitte der Kopfoberseite. Es ist mit der Epiphyse verbunden.
Farbe: Violett (Amethyst, Ametrin, Charoit, Fluorit, Lepidolit, Purpurit, Sugilit, Turmalin).
Kristallsystem: triklin (Amazonit, Labradorit, Rhodonit).
Körperliche Zuordnung: Großhirn, Kopf, Zirbeldrüse.
Eigenschaften: Dieses Chakra schafft die Verbindung zum Göttlichen, zum Kosmos. Hier erfahren wir Selbstverwirklichung, Spiritualität, Erkenntnis und geistige Harmonie.
Bei Störungen: Streß, Migräne, Kopfschmerzen, Frustration und Depressionen bei zuviel Energie; Todesangst, mangelnde Lebensfreude und Entschlußlosigkeit sind Zeichen einer Unterfunktion.

Nebenchakras Füße

Lage: In der Mitte der Fußsohlen. Sie verbinden den Körper und alle Energiezentren mit der Erde.
Farbe: Schwarz (Magnetit, Obsidian, Onyx, Rauchquarz, Schörl, schwarze Koralle).
Kristallsystem: kubisch (Diamant, Granat, Pyrit).
Körperliche Zuordnung: Füße und Beine.
Eigenschaften: Die Verbindung zur Erde über die Füße vermittelt Standfestigkeit, Widerstands- und Willenskraft.
Bei Störungen: Machtstreben und Herrschsucht können sich bei Überfunktion zeigen.
Vernachlässigung des Körpers, Weltflucht, Probleme mit Füßen und Beinen deuten auf eine Unterfunktion hin.

Nebenchakras Hände

Lage: In den Handflächen. Sie regeln den Energieaustausch mit der Außenwelt.
Farbe: Weiß. (Bergkristall, Opal)
Kristallsystem: triklin (Kyanit, Labradorit).
Körperliche Zuordnung: Hände und Arme.
Eigenschaften: Über die Hände findet Energie- und Informationsaustausch statt. Harmonie, Klarheit, Ausdruckskraft vermitteln diese Nebenchakren.
Bei Störungen: Schweißhände, Kommunikationsstörungen, Unklarheit und Unausgewogenheit zeigen sich bei Disharmonie.
Mangelnder Energiefluß, Blutstau in den Händen, ungenügende Sensibilität können bei mangelnder Energie auftreten.

Wenn Sie Edelsteine nach ihren Farben auf die Chakras legen wollen, verwenden Sie Steine mit einer schönen Farbe und von guter Qualität. Es sollten Natursteine sein, die nicht bestrahlt, hitzebehandelt oder gefärbt sind. Verwenden Sie pro Chakra einen Stein und beim Herzzentrum je einen grünen und einen rosa Edelstein; für jede Hand einen weiteren Edelstein in weißer Farbe. Einen schwarzen Stein legen Sie zwischen die Füße, oder je einen Kristall unter die Fußsohlen. Reinigen Sie die Steine grundsätzlich vor und nach jeder Anwendung.

Wenn Sie die Steine nach Ihrem Kristallsystem aussuchen und anwenden möchten, suchen Sie möglichst formschöne Steine aus. Einscheidend bei jeglicher Anwendung ist, daß sie sich von den gewählten Steinen angezogen fühlen.

Form und Schliff

Wie bereits erwähnt, hat auch die Form eines Steines Einfluß auf seine Wirkung. Edelsteine zeigen eine Vielfalt von unterschiedlichen Formen, von Bruchstücken, Spitzen und Stäben über Würfel, Kugeln und Scheiben bis hin zum Oktaeder. Durch Schleifen kommt noch eine unendliche Vielfalt von Formen dazu. Jede Form hat ihre eigene Ausstrahlung, Wirkung und Symbolik. Anhand von Kirlianfotos sieht man sehr schön die Energiestrahlung der verschiedenen Formen. Seele, Geist und Körper werden je nach Form unterschiedlich angesprochen.

Nachfolgend sind die bekanntesten Formen und ihre Wirkung beschrieben:

Rohsteine haben meist eine kantige, ursprüngliche Form. Sie wirken aktivierend und stärkend und regen die Vorstellungskraft an.

Kristallspitzen (zum Beispiel Bergkristalle) bündeln die Energieabstrahlung zur Spitze. Sie wirken ordnend und aktivierend. Besonders die klaren lichtdurchlässigen Steine bringen mehr Klarheit und Erkenntnis ins Bewußtsein und in die Aura.

Ein Kristall, der an beiden Seiten eine Spitze hat, wird **Doppelspitze** oder **Doppelender** genannt. Er vereinigt in sich zwei Pole. Dadurch verhilft er zu Ausgleich, Harmonie, Kreativität und Konzentration. Eine Doppelspitze kann die Spannungen und Disharmonien zwischen zwei Personen mildern und ausgleichen, indem sie so zwischen die beiden Personen gelegt wird, daß je eine Spitze zu einer Person zeigt. Gespräche und Diskussionen verlaufen dadurch wesentlich harmonischer. Genauso kann man Energiezentren ausgleichen, indem man eine Doppelspitze zwischen sie legt, je eine Spitze auf ein Chakra gerichtet.

Kristallgruppen oder -stufen, die aus mehreren Kristallen eine Familie bilden, streuen die Energie. Sie sind daher besonders geeignet, um Licht, Farbe und Harmonie in Räume zu bringen. Sie wirken auch sehr schön auf einem Schreibtisch. Auf den Eßtisch gestellt, vermitteln sie sehr schöne und harmonische Gesprächsrunden. Sie sollten jedoch regelmäßig gereinigt werden und nicht in der Nähe von elektrischen Geräten stehen.

Kristalldrusen (zum Beispiel Achat oder Amethyst) zeigen eine Höhlung aus Kristallspitzen. Die Energie wird in der Höhlung gebündelt und verstärkt. Man kann in einer Druse andere Steine aufladen, indem man sie einige Stunden bis Tage in ihre Mitte legt. Kristalldrusen haben eine kraftvolle, ursprüngliche Ausstrahlung.

Trommelsteine werden in einer Trommel mit Schleifmaterial und Wasser geschliffen. Dieser

Schleifvorgang dauert je nach Härte der Steine unterschiedlich lange. Trommelsteine haben eine sanfte, beruhigende Ausstrahlung. Der Schleifvorgang geschieht maschinell, darum sind diese Steine viel preisgünstiger als andere Schliffe.

Stäbe wachsen gerade und haben meist stumpfe Enden. Sie wirken ausgleichend und symbolisieren Eigenschaften wie Aufrichtigkeit und Schlichtheit.

Würfel und **Raute** sind das Symbol der Materie. Sie wirken strukturierend, erdend und stärkend. Sie helfen dabei, Ideen und Pläne zu realisieren.

Scheiben haben eine schützende, zentrierende und ausgleichende Ausstrahlung. Sie fördern Kreativität und Vorstellungskraft.

Pyramiden bündeln die Energie zur Spitze hin. Sie werden daher oft zum Energieaufladen verwendet. Die Pyramide gilt als Symbol für Einweihung und höchstes Wissen. Sie stärkt die geistige Kraft, bringt Licht in Gedanken und Ideen und hilft so, Pläne leichter und schneller zu verwirklichen. Sie wirkt außerdem aktivierend und fördert die Konzentration.

Oktaeder sind Doppelpyramiden, das heißt zwei Pyramiden mit gemeinsamer Grundfläche. Sie sind besonders praktisch, da in jede Richtung eine Spitze zeigt. Sie sind wie die Pyramiden anregend und lichtvoll.

Kugeln sind Symbole für Einheit, Kosmos und Harmonie. Sie schützen, beruhigen und fördern die Intuition. Sie bringen uns in unsere Mitte und helfen uns dadurch, die Verantwortung für unser Leben zu übernehmen.

Eier sind Symbol für Geborgenheit und Neubeginn. Sie schenken Schutz und Vertrauen. Dadurch helfen sie uns, Mut für neue Unternehmungen aufzubringen und alte Gewohnheiten leichter loszulassen.

Obeliske wirken klärend, vermitteln Standhaftigkeit und ordnen die Gedanken. Durch ihre Stabilität und Geradlinigkeit vermitteln sie Vertrauen und Widerstandskraft.

Herzen sind das Zeichen für Liebe und Partnerschaft. Sie fördern Sanftmut, Mitgefühl und Toleranz.

Tropfen helfen beim Lösen von überholten Denkmustern, von Angst und von Trauer. Sie fördern Harmonie und Klarheit. Tropfen sind wie Tränen, die Leid und Schwere hinwegfließen lassen.

Kreuze sind Ausdruck für Hingabe und Vertrauen. Sie zentrieren uns in der Gegenwart, in Zeit und Raum. Kreuze sind die Schnittlinien der verschiedenen Pole. So vereint dieses Symbol die dunklen, ungewollten Energien mit den lichten, klärenden Kräften zu einer Einheit.

Durch den **Schliff** werden spezielle Formen geschaffen, was die Energie und Symbolik des Steins entsprechend verändert.

Steine werden geschliffen, um Schönheit, Feuer, Glanz und Farbe besonders gut zum Ausdruck zu bringen oder auch, um sie in einer speziellen Form therapeutisch einzusetzen. Durch den Schliff werden die Steine veredelt, Unreinheiten werden weggeschliffen und die Charakteristik kommt besonders gut zur Geltung.

Das Schleifen besteht aus drei Arbeitsgängen:

- dem Schneiden, um die Grundform zu schaffen,
- dem Schleifen, bis die gewünschte Endform erreicht ist und
- dem Polieren, um dem Edelstein Brillanz zu geben.

Verschiedene Schliffe werden je nach Steinart und Verwendungszweck angewandt:

- der **Trommelschliff**: Die Rohsteine kommen in eine sich drehende Trommel und werden mit verschiedenen Schleifmaterialien abgerundet, glatt geschliffen und poliert;
- der **Cabochonschliff**: Der Boden des Steins wird eben und seine Oberfläche halbrund oder oval geschliffen. Dieser Schliff fördert Geduld, Harmonie und Einfühlungsvermögen. Diese sanft gerundete Form weckt unsere weiblichen, intuitiven Eigenschaften;
- der **Facettenschliff**: Der Stein wird in verschiedenen Facetten geschliffen, die ihn zum Strahlen bringen. Durch die Facetten werden die Lichtkräfte der Steine konzentriert und gebündelt und ihre Farben kommen dadurch besser zur Geltung. Dieser Schliff bringt Licht und Selbsterkenntnis in unser Bewußtsein.

Der bekannteste Facettenschliff ist der **Brillantschliff** mit mindestens 56 Facetten. Er wurde speziell für den Diamanten geschaffen. Man verwendet ihn jedoch auch für andere Steine, um ihren Glanz, ihr Feuer und ihre Farbe zu intensivieren. **Tafel-**, **Smaragd-**, **Achtkant-** und **Treppenschliff** sind andere Varianten des Facettenschliffs.

Diese und weitere Schliffe sowie sogenannte Phantasieschliffe werden in vielen verschiedenen Formen hergestellt, zum Beispiel als Dreieck, Trapez, Kugel, Baguette und Herz. So gibt es viele verschiedene Schliffe und Möglichkeiten, um die Wirkung der Steine zu verstärken.

Teil 2

Die Praxis

Erwerb

Zur Beschaffung und Auswahl der Steine gibt es verschiedene Möglichkeiten:

Viel Freude macht es, die Steine selbst zu suchen und zu sammeln. Informieren Sie sich in geologischen Museen, in Vereinen für Steinesammler, in Kursen in der Volkshochschule oder auch aus Büchern über die Fundstellen. Manchmal können Sie auch in Steinbrüchen, ehemaligen Gruben und Abraumhalden noch Steine finden. Dabei ist jedoch die entsprechende Vorsicht wegen Unfallgefahr geboten, denn sowohl die Suche im Gebirge, in Höhlen als auch in Steinbrüchen bringt gewisse Gefahren mit sich. Auch an Stränden und in Bach- und Flußbetten lohnt sich oft die Suche.

Bevor Sie jedoch anfangen, Steine zu suchen, sollten Sie sich entsprechendes Fachwissen über Mineralien und das richtige Sammeln aneignen. Seien Sie jedoch beim Steinesuchen behutsam mit dem Gestein und der Landschaft, damit keine Umweltschäden entstehen. Am besten lernen Sie das Schürfen natürlich unter fachmännischer Anleitung, zum Beispiel bei einem Hobbyurlaub für Steinesammler.

Einfacher ist es sicherlich, die Steine zu kaufen. Dazu bieten sich Mineraliengeschäfte, Edelsteinläden, esoterische Geschäfte und Buchhandlungen mit Steinsortiment an.

Die Adressen finden Sie sowohl im Branchentelefonbuch als auch in Fachzeitschriften für Mineralogie, Katalogen von Edelsteinmessen und -ausstellungen, sowie in esoterischen Zeitschriften. Kaufen Sie dort, wo Sie gut und fachgerecht beraten werden und wo man liebevoll mit den Steinen umgeht. Sie sehen das am »Strahlen« der Steine und an der Art, wie sie präsentiert werden.

Gute Einkaufsquellen sind auch Mineralienbörsen, da sie eine große Auswahl und einen guten Preisvergleich bieten. Hierbei handelt es sich um Verkaufsausstellungen, auf denen Händler und manchmal auch Sammler ihre Schätze anbieten.

Beim Erwerb sollten Sie darauf achten, ob die Steine natürlich sind oder ob sie auf irgendeine Art behandelt wurden, denn Steine werden mit Hitze oder radioaktiver Strahlung in ihrer Farbe verändert. Manchmal wird auch Steinmehl zu Steinen zusammengeklebt oder die Oberfläche von Edelsteinen mit Öl oder chemischen Substanzen behandelt, um ihren Glanz zu erhöhen. Oder es werden verschiedene Steinschichten zusammengeklebt, um die Farbe besser zur Geltung zu bringen. Natürlich gibt es auch synthetische Steine und Imitationen aus den verschiedensten Materialien. Daher empfiehlt es sich, in seriösen Geschäften zu kaufen, wo Sie die Qualität und Echtheit erfragen können. Bei hochwertigen Steinen ist es ratsam, eine Expertise zu verlangen.

Wenn Sie in Ursprungsländern kaufen, sollten Sie sich besonders vor Fälschungen vorsehen, die oft im Straßenhandel und bei unseriösen Geschäften angeboten werden.

Auswahl

Die richtige Auswahl der Edelsteine ist eine wichtige Vorbereitung für die spätere Anwendung der Steine. Suchen Sie »Ihre« Steine möglichst immer selbst aus, denn Ihre eigene Intuition weiß am besten, welcher Stein für Sie gut ist. Sie schulen dadurch Ihre Intuition, Ihre Enscheidungskraft und Ihr Selbstwertgefühl.

Zur Auswahl gibt es verschiedene Methoden. Sie können die Steine zwar mit Hilfe des Verstandes auswählen, indem Sie sich über die Eigenschaften der Steine informieren und Sie dann entsprechend den eigenen Bedürfnissen aussuchen. Dabei bleiben jedoch meist wichtige Aspekte unberücksichtigt, da sie einem entweder gar nicht bewußt sind oder man sie übersieht.

Die intuitive Auswahl ist daher der verstandesmäßigen überlegen.

Bewährte Auswahlmethoden sind:

Radiästhesie

Die Auswahl mit dem Pendel oder einer Rute erfordert zwar einige Übung, aber sie ist sehr effektiv, wenn Sie einmal mit ihr vertraut sind. Sie können durch die richtigen Fragen oder auch mit Hilfe von Pendeltafeln sehr schnell den oder die richtigen Steine finden. Dieses Thema ist ausführlich im Abschnitt *Pendeln* (Seite 137 ff.) beschrieben.

Intuitive Auswahl

Stellen Sie sich vor die Steine, aus denen Sie wählen wollen. Schließen Sie vielleicht einen Moment die Augen, entspannen Sie sich und machen Sie sich frei von allen Erwartungen. Stellen Sie sich vor, wofür

Sie den Kristall brauchen. Zum Beispiel für sich als Taschenstein, zur Edelsteinbehandlung, für einen Freund und so weiter. Bitten Sie Ihre Innere Führung um Hilfe. Wenn Sie bereit sind, öffnen Sie die Augen und nehmen den Stein, der Sie am stärksten anspricht, oder fühlen Sie mit der linken (intuitiven) Handfläche über die Steine und nehmen Sie den Stein, bei dem Sie Wärme oder ein angenehmes Gefühl empfinden.

Edelsteinkarten
Eine einfache Methode ist auch die Auswahl mit den Edelsteinkarten aus unserem Buch *Die Botschaft der Edelsteine. Gesundheit und Kraft durch Edelsteine* (Hugendubel Verlag) oder *Orchideen, Edelsteine und ihre heilenden Energien* (Verlag Hermann Bauer). Mit Hilfe dieser Edelsteinkarten, die Sie verdeckt im Bogen auslegen, können Sie intuitiv Ihren Stein wählen.

Der Vorteil der beiden zuvor genannten Methoden ist, daß Sie aus einer großen Auswahl von Steinen sehr schnell die geeigneten auswählen können.

Muskeltest
Mit dem Muskeltest aus der Kinesiologie (siehe auch *Der Körper lügt nicht* von Dr. John Diamond, Verlag für angewandte Kinesiologie) kann man über die Körperreaktion testen, welcher Stein momentan gebraucht wird. Dieser Test wurde von Dr. George Goodheart entwickelt. Es wird dabei die Reaktion des eigenen Körpers auf verschiedene Materialien oder auch auf Fragen überprüft. Diese Methode kann nur zu zweit durchführt werden. Armbanduhren und Schmuck sollten Sie vorher ablegen. Gehen Sie folgendermaßen vor:

- Die Testperson stellt sich aufrecht hin, mit waagerecht ausgestrecktem rechten Arm. Der linke Arm hängt locker herunter.
- Sie stehen vor der Person. Legen Sie die rechte Hand auf die linke Schulter und die linke Hand auf den ausgestreckten rechten Unterarm der Testperson.
- Zeigen Sie der Testperson, wie Sie den Arm herunterdrücken werden, und erklären Sie, daß dabei der Arm mit normalem Widerstand, also ohne übermäßige Anstrengung, gehalten werden soll. Immer, wenn der Arm während des Testens zu schwer wird oder weh tut, sollte eine Pause gemacht werden.
- Drücken Sie leicht auf den Arm, bis er etwas nachgibt.
- Gehen Sie wieder in die Ausgangssituation und geben Sie Ihrem Gegenüber den zu testenden Edelstein in die locker herabhängende linke Hand. Wenn Sie testen, sagen Sie vorher »Halten!« zum Zeichen, daß die Testperson gegen den Druck den Arm in der Waagerechten halten soll.
- Drücken Sie erneut mit dem gleichen leichten Druck nach unten. Wenn sich der Arm herunterdrücken läßt, bedeutet das »Nein«, wird der Arm gehalten, bedeutet das »Ja« – der Edelstein ist gut geeignet.

Wichtig ist, daß Sie nicht zu stark drücken und Ihr Gegenüber nur soviel Kraft aufwendet, wie nötig ist, um das Herunterdrücken zu verhindern. Versuchen Sie, den Druck möglichst immer in der gleichen Stärke anzuwenden.

Der Nachteil dieser Methode ist, daß man dabei schnell ermüdet und nicht allzu viele Steine testen kann.

Eine weitere Möglichkeit ist die **Pulsdiagnose**. Dazu brauchen Sie etwas Fingerspitzengefühl und Übung:

- Man testet mit Zeige- und Mittelfinger im Bereich des verlängerten Daumens am Handgelenk.
- Spüren Sie zunächst den normalen Puls.
- Bringen Sie nun den Stein in die Nähe des Körpers. Spüren Sie dabei, ob der Puls zunächst etwas kräftiger wird und dann normal weiterschlägt. Dies gilt als »Ja« des Körpers zum Stein. Wenn der Puls in heftige Schläge übergeht, bedeutet das Ablehnung.
- Bei Zustimmung ziehen Sie den Stein ruckartig aus dem Aurabereich und zählen nun die starken Pulsschläge, welche nachfolgen. Sind es mehr als sieben, ist der Stein gut geeignet.

Freuen Sie sich an der Schönheit und Ausstrahlung der Steine als Ausdruck der Schöpfung. Begrüßen Sie sie in Ihrem Leben, und danken Sie für ihre Hilfe. Mit den vorher beschriebenen Methoden wählen Sie die Steine nach Gesamtwirkung aus. Sie können aber auch nach Farbe, Form oder anderen Gesichtspunkten aussuchen.

Für den Anfang reichen die preisgünstigen trommelgeschliffenen Steine. Später kann man dann spezielle Schliffe und Formen je nach Bedarf anschaffen.

Nehmen Sie möglichst Steine, die nicht gefärbt, bestrahlt, gepreßt oder erhitzt wurden. Wichtig ist die Ausstrahlung des Edelsteins, das heißt, daß er Sie persönlich anstrahlt und Sie anzieht. Schaffen Sie sich für Edelsteinbehandlungen möglichst zwei verschiedene Steine für jedes Energiezentrum an, so daß Sie die Möglichkeit haben, auszuwählen, welcher Stein besser für die jeweilige Behandlung ist.

Reinigung und Pflege

Schwingungen und Energien verschiedenster Art können sich auf die Edelsteine übertragen. Sie nehmen als Schmuck die Ausstrahlung und die Gefühle ihres Trägers auf. Steine, welche in der Nähe von elektrischen Geräten und Computern stehen, werden durch deren Strahlung belastet. Bei der Edelsteinbehandlung fließen die Schwingungen des Patienten durch die Steine. Daher sollten die Edelsteine grundsätzlich vor und nach jeder Anwendung von fremden Energien befreit, also gereinigt werden. Steine und Schmuckstücke, die man geerbt hat, sollten besonders gründlich neutralisiert werden. Bei einigen Steinen ist ein Reinigen nicht mehr möglich, weil sie zum Beispiel die Energien schwerer Krankheiten aufgenommen haben.

Es gibt verschiedene Reinigungsmöglichkeiten. Die bekannteste Methode ist die **Wasserreinigung**:

Wasser ist ein besonders gutes Reinigungsmittel, das Schwingungen aufnimmt und deshalb auch zur energetischen Säuberung verwendet werden kann.

Legen Sie dazu die Steine für einige Stunden in eine Schale mit Wasser. Wenn sie schmutzig oder staubig sind, können Sie sie zusätzlich behutsam mit einer weichen Bürste säubern.

Oder legen Sie Ihre Steine in ein Sieb, und halten Sie sie kurz, das heißt für 30 Sekunden bis 2 Minuten, unter fließendes Wasser. Besonders gut ist es, die Kristalle in der Natur in einem Bach, einem Fluß, einer Quelle oder dem Meer zu reinigen. Nehmen Sie wieder ein Sieb oder ein Netz, damit die Steine nicht fortgespült werden. Anschließend lassen Sie sie an der Luft trocknen.

Schmuck und vom Tragen verunreinigte Steine, außer zu weiche, poröse oder empfindliche Arten wie Apophyllit, Azurit, Calcit, Chrysokoll, Fluorit, Koralle, Malachit und Selenit können Sie auch in einer sanften Seifenlösung vorsichtig mit einer Zahnbürste reinigen.

Zur **Erdreinigung** graben Sie den Stein an einer markierten Stelle für sieben Tage in ungedüngte Erde ein. Die Erde befreit den Stein von den aufgenommenen Schwingungen. Anschließend waschen Sie ihn unter fließendem Wasser ab.

Sehr gut ist auch die **Sandreinigung** in feinem Sand. Sand besteht aus Kieselsäure, also Quarz; daher nimmt er fremde Schwingungen gut auf und befreit den Stein davon. Legen Sie die Steine dazu in einen Behälter mit Sand, und stellen Sie sie für drei Tage an einen dunklen Platz. Den Sand sollten Sie möglichst nur einmal verwenden. Auch hier werden die Steine anschließend kurz abgespült und getrocknet.

Für die **Rauchmethode** verwenden Sie am besten natürliches Räucherwerk wie Salbei, Zeder, Myrrhe oder Räucherstäbchen. Schon die Indianer nutzten diese Methode, um Menschen, Räume und Kristalle energetisch zu reinigen. Legen Sie das Räucherwerk in eine Schale oder in einen Räucherstäbchenhalter und entzünden Sie es. Dann halten Sie die Edelsteine in den Rauch und blasen diesen solange über sie, bis Sie das Gefühl haben, daß sie gereinigt sind.

Besonders schön und gleichzeitig stärkend für die Vorstellungskraft ist die **Reinigung durch Gedankenenergie**. Jede Schöpfung, jede Tat entsteht zunächst in Gedanken. Je mehr Energie wir in die Gedanken geben, desto schneller manifestieren sie sich in der Materie.

Nehmen Sie für diese Methode die Steine in beide Hände, die eine Schale formen. Schließen Sie die Augen und stellen Sie sich eine Quelle, einen Bach, einen Wasserfall oder das Meer vor. Sehen Sie vor Ihrem geistigen Auge ganz deutlich, wie das Wasser über die Steine fließt und jede fremde Energie mit sich hinwegspült. Wenn Sie das Gefühl haben, daß es genug ist, stellen Sie sich nun die Sonne vor, die ihre Kraft und ihre Strahlen in die Kristalle fließen läßt und sie mit neuer Energie auflädt.

Man kann die Steine auch für mindestens einen Tag in eine **Kristalldruse** oder auf eine **Bergkristallgruppe** zum Aufladen und Reinigen legen.

Wer die Einstimmung in **Reiki** hat, kann die Edelsteine auch mit dieser universalen Lebensenergie reinigen und aufladen, indem er sie in den Händen hält und Reiki fließen läßt oder das Kraftzeichen des zweiten Grades anwendet (siehe auch Seite 89).

Oft wird auch die Methode empfohlen, die Steine in **Meersalz** oder in einer Salz-Wasser-Lösung zu reinigen. Der Nachteil dabei ist jedoch, daß einige Steine und manche Metalle dadurch angegriffen werden und oxidieren.

Eine moderne Möglichkeit der energetischen Entladung ist es, ein **Entmagnetisiergerät** für Tonbänder oder Videos zu verwenden. Dazu streicht man mit dem Gerät mehrmals über die Steine.

Nach der Reinigung können Sie die Steine, außer den sonnenempfindlichen wie Amethyst, Mondstein, Chrysopras, Rosenquarz, Türkis oder Zitrin für einige Stunden in die Sonne oder ins Tageslicht legen. Im weicheren Licht des Mondes können besonders weibliche, sanfte Steine wie Aquamarin, Chalzedon, Mondstein oder Smaragd neue Energie tanken.

Aufbewahrung

Ebenso pfleglich wie die Reinigung sollte auch die Aufbewahrung der Steine gehandhabt werden.

Lichtempfindliche Mineralien bewahren Sie besser an einem dunklen Ort auf. Ansonsten sind Naturmaterialien wie Leder, Samt, Seide oder Baumwolle besonders gut geeignet, um Steine daraufzulegen oder darin einzupacken. Vor allem empfindliche Steine und Kristallspitzen sollten sehr sorgsam verpackt und transportiert werden, damit sie heil bleiben. Edelsteine sollten möglichst auf einen weichen, schönen Untergrund gelegt werden, damit sie gut zur Geltung kommen. Sehr wirksam und gleichzeitig dekorativ ist es, die Steine in einem Muster, das Sie intuitiv gestalten, auszulegen. Ein solches »Edelsteinmandala« verbreitet eine gute Schwingung und erfreut gleichzeitig das Auge des Betrachters.

Legen Sie die Steine nicht in die Nähe von Elektrogeräten oder gar Computern, außer wenn Sie Kristalle wie den schwarzen Turmalin, Rauchquarz oder Rosenquarz zur Strahlenentstörung verwenden.

Im Arbeitsbereich aufgestellt, bringen Kristallgruppen und Edelsteine Schönheit und Harmonie ins Bewußtsein und unterstützen mit ihrer Energie das Wohlbefinden.

Zum Transport der Edelsteine eignen sich entsprechende Stoff- oder Lederbeutel, wenn möglich mit getrennten Fächern für jeden Stein. Auch Kästchen aus Holz sind geeignet. Wenn sie mit polsterndem Naturmaterial oder mit Trockenblumen ausgelegt werden, behütet das die Steine; es sieht auch hübsch aus.

Verwendung

Nachdem die allgemeinen Informationen und Vorbereitungen besprochen wurden, kommen wir nun zu den verschiedenen Erscheinungsformen und Einsatzmöglichkeiten der Steine, denn die Edelsteine stehen uns in verschiedenen **Arten** zur Verfügung:

1. Als *Rohsteine* in Ihrem unbearbeiteten Zustand, zum Beispiel als Bruchstück, Spitze, Würfel, Stab, Oktaeder, Scheibe oder Kristallgruppe. Diese ursprünglichen Formen haben eine sehr anregende Ausstrahlung und sind meist preiswerter als geschliffene Steine.
2. Als *trommelgeschliffene Steine* sind sie wie die Rohsteine günstiger als andere Schliffe. Trommelsteine liegen gut in der Hand, denn sie haben keine Ecken und Kanten. Sie fühlen sich harmonisch und angenehm an. Man bekommt sie sehr häufig angeboten.
3. Als *geschliffene Edelsteine*, wie Cabochon, Facettenschliff, Donuts, Kugeln, Massagestäbe, Pyramiden oder als Perlen. Je nach Verwendungszweck kann man die passende Form wählen.
4. Als *Edelsteinwasser*. Es läßt sich einfach herstellen, ist sehr kostengünstig und kann auch innerlich verwendet werden.
5. Als *Edelsteinessenzen*. Durch ihre etwas aufwendigere Herstellungsart ist es leichter, die Essenzen fertig zu beziehen. Man verwendet sie meistens zum Einnehmen.
6. Als *Edelsteincremes, -öle* oder *-lotionen*. Es gibt fertig hergestellte Cremes. Man kann sie jedoch auch selbst anfertigen oder die Steine mit fertigen

Kosmetikprodukten (möglichst auf Naturbasis) mischen.
7. Als *Edelsteinpulver*. Früher wurde diese Art von Medizin häufig eingenommen. Heute wird dieses Wissen wiederentdeckt. So werden zum Beispiel in der Homöopathie unter anderem Mineralien verwendet. Auch die indische Ayurweda-Medizin, die seit langer Zeit Edelsteinpulver verwendet, ist sehr gefragt. Viele Therapeuten setzen jedoch die Steine heutzutage ein, ohne sie zu zermahlen.
8. Als *Edelsteingefäße*. Früher wurden von Königen und begüterten Leuten Edelsteingefäße zum Essen und Trinken verwendet, oft auch aus dem Grund, um im Essen enthaltende Gifte durch die Reaktion der Steine zu erkennen oder zu neutralisieren. Auch heute sind Edelsteingefäße kostbar und sehr geeignet, um in ihnen Edelsteinwasser und Essenzen herzustellen. Diese Gefäße übertragen ihre Schwingungen auch auf die Speisen und Getränke, für die man sie benutzt.

So vielfältig wie die Erscheinungsformen sind auch die **Einsatzmöglichkeiten** der Steine (in Klammern jeweils die empfohlenen Anwendungsformen):

– *Taschensteine* und *Handschmeichler*, die man bei sich trägt oder in der Hand hält (1, 2, 3). Man kann sie in der Hosen-, Rock- oder Handtasche tragen oder in einem Beutelchen aus Naturstoff umhängen. Bitte nicht im Geldbeutel oder zusammen mit Münzen oder Metallgegenständen aufbewahren, denn dann würden sie nicht nur Schaden nehmen, sondern auch die Schwingungen des Metalls und des Geldes, das ja durch viele Hände geht, aufnehmen.

- *Sichtbares Aufstellen* im Arbeits- oder Wohnbereich (1, 2, 3). Hier erzielt man gleich zwei Effekte. Zum einen sind die Steine dekorativ. Dadurch bringen sie Schönheit in den Raum und ziehen die Blicke auf sich. Zum anderen verbreiten Sie eine harmonische Schwingung. So machen sie den Umgang mit anderen Menschen einfacher und verbessern das Wachstum von Pflanzen, wenn diese in der Nähe stehen.
- Zur *Wasserverbesserung* befestigt man einen Bergkristall mit Klebeband an der Wasserleitung mit der Spitze zur Leitungsöffnung. Dadurch wird das Wasser mit Energie angereichert und harmonisiert.
- Zum *Gießen von Pflanzen* hält man einen Kristall mit der Spitze zur Öffnung des Schlauches oder legt einen Bergkristall in die Gießkanne. Das energetisierte Wasser gibt den Pflanzen bessere Nahrung und stärkt so ihre Widerstandskraft.
- Man kann die Steine auch direkt um die *Pflanzen* oder in die Erde zu den Wurzeln *legen*, um ihre Lebenskraft zu stärken und ihr Wachstum zu verbessern. Dazu eignen sich besonders Rohsteine, Kristallspitzen und auch Bruchstücke von Steinen und Kristallen, die man selbst nicht mehr verwenden möchte.
- Um die Steine *Tieren* zugute kommen zu lassen, kann man sie in ihr Trinkwasser oder auf den Schlafplatz der Tiere legen.
- Auslegen der Steine in intuitiven Mustern zu harmonisierenden *Edelsteinmandalas* (1, 2, 3). Dazu suchen Sie Steine aus, die Sie im Moment besonders ansprechen und legen sie auf einer natürlichen Stoffunterlage in einer beliebigen Form aus. Dabei sollten Sie sich ganz von Ihrer Eingebung

leiten lassen. Das Mandala sagt sehr viel über Sie aus und strahlt auch eine entsprechende Schwingung ab, die auf den Betrachter wirkt. Von Zeit zu Zeit sollte das Muster neu gelegt werden, denn auch Sie verändern sich und brauchen dann ein neues meditatives Edelsteinbild.

– *Tragen* der Steine in *Schmuck*form in Verbindung mit Metallen wie Gold, Silber, Platin, Kupfer, Messing, Titan oder mit Leder, zum Beispiel als Anhänger, Ohrring, Kette, Ring oder Armband (1, 2, 3). Die Steine sollten möglichst so gefaßt sein, daß sie zum Körper hin nicht mit Metall verdeckt sind und so besser wirken können. Mit der Länge von Ketten können Sie entscheiden, ob die Steine im Hals-, Herz- oder Solarplexuschakra wirken sollen. Schmuck ist nicht nur dekorativ, sondern bringt auch die Edelsteine besonders gut zur Wirkung. Man sollte jedoch immer darauf achten, ob sich ein Schmuckstück noch gut anfühlt oder ob man es lieber für eine Zeit nicht verwendet, wenn man merkt, daß man eine innere Abneigung dagegen spürt. Genauso wie Sie auch die tägliche Kleidung nach Farbe und eigener Stimmung auswählen, können Sie Edelsteinschmuck intuitiv auswählen und tragen.

– Verwendung als *Amulett* oder *Talisman* in Anhängerform (1, 3). Hier wird die Symbolik mit der Kraft der Edelsteine vereint und die Wirkung verstärkt. Wichtig ist, daß Sie über die Symbole, die Sie verwenden möchten, gut Bescheid wissen.

– Tragen von *Edelsteinketten*. Man kann Ketten aus einem Stein verwenden oder auch Kombinationen aus verschiedenen Steinen. Seit etlichen Jahren stelle ich harmonisierende Edelsteinketten her, die speziell für den Träger ausgetestet werden und die ich aus verschiedenen Steinen intui-

tiv zusammenstelle. Viele Rückmeldungen bestätigen die unterstützende und harmonisierende Wirkung dieser persönlichen Ketten.
- *Behandlung* mit Edelsteinen (1, 2 und eventuell 3). Die verschiedenen Behandlungsformen werden noch ausführlich besprochen.
- *Fernheilung* mit Edelsteinen, besonders mit Bergkristallspitzen (1, eventuell 2 und 3).
- *Kristallmassage* mit Bergkristallspitzen oder Trommelsteinen.
- *Meditation mit Edelsteinen* (1, 2, 3).
- Zum *Edelsteinbad* (1, 2) läßt man das Badewasser über eine Bergkristallgruppe einlaufen oder legt Trommelsteine nach Wahl ins Wasser.
- Innerliche und äußerliche Anwendung von *Edelsteinwasser* und *-essenzen* (4, 5).
- Auftragen von *Pflegeprodukten* mit Edelsteinen (6). Hierzu verwendet man zum Beispiel Trommelsteine, die man nach Hauttyp aussucht und in die Creme gibt. Siehe dazu auch das Buch *Naturkosmetik mit Edelsteinen* von Antje und Helmut Hofmann (Hugendubel Verlag).
- *Akupunktur* mit Edelsteinen (Kristallspitzen).
- *Kombinationen* der Steine *mit anderen Therapieformen* wie zum Beispiel Reiki, Bachblüten und Aromaölen.
- *Kristallpendel* (1, 3) kann man für viele Zwecke einsetzen. Näheres dazu im Abschnitt *Pendeln* (Seite 137 ff.).
- *Kristallkugeln* (3) werden zur Harmonisierung und oft auch zum Hellsehen eingesetzt.
- *Rituale* mit Edelsteinen (1, 2, 3), wie z. B. im indianischen Medizinrad, werden sowohl zur Zielverwirklichung als auch zur Selbsterkenntnis und für andere Zwecke eingesetzt.

Wie Sie sehen, gibt es eine Vielzahl von Anwendungsmöglichkeiten. Fangen Sie mit den einfacheren Methoden an, um die Steine und ihre Wirkung kennenzulernen. Mit der Zeit werden Sie herausfinden, welche Steine und Anwendungsformen Ihnen besonders guttun.

Meditation mit Edelsteinen

Die Meditation hilft uns, bewußter zu werden. Dadurch können wir uns und unsere Umwelt achtsamer wahrnehmen. Das bringt auch mit sich, daß wir mehr auf die Gegenwart konzentriert sind, empfänglicher für Schwingungen werden und die Energien dahin fließen lassen können, wo sie gebraucht werden.

Folgendes sollten Sie bei Meditationen beachten:

- Bei starken körperlichen, seelischen oder geistigen Problemen sollten Meditationen möglichst nur unter Anleitung eines erfahrenen Meditationslehrers gemacht werden.
- Sie sollten weder zu hungrig sein noch zuviel gegessen haben. Wenn Sie zu müde sind, schlafen Sie eher ein, als eine gute Meditation zu erfahren.
- Sie sollten einen ruhigen Raum benutzen und darauf achten, daß Sie nicht gestört werden.
- Entweder setzen Sie sich gerade, mit aufrechter Wirbelsäule hin oder Sie legen sich hin, damit Sie Steine auf den Körper oder die Stirn legen können.
- Sie können die Aufmerksamkeit nach außen richten, zum Beispiel auf einen Kristall, den Sie mit den Augen fixieren. Oder Sie legen einen Stein auf und achten auf die innere Wahrnehmung. Dabei halten Sie die Augen am besten geschlossen.

- Lassen sie den Atem fließen, ohne ihn bewußt zu steuern.
- Falls die Gedanken abschweifen, achten Sie wieder verstärkt auf den Atem und lassen die Gedanken vorbeiziehen.
- Manchmal kommen verdrängte Probleme ins Bewußtsein, die auch mit Schmerzen, Nervosität oder Ängsten verbunden sein können. Betrachten Sie diese Störfaktoren bewußt, und lassen Sie sie dann vorüberziehen, indem Sie sich wieder auf den Atem konzentrieren. Bei zu starken Konflikten sollten Sie die Meditation abbrechen.
- Oft tauchen Farb- und Lichteindrücke oder geistige Bilder auf. Manchmal, meist nach einiger Übung, empfinden Sie mehr Harmonie und eine liebevolle Verbundenheit mit der Umwelt. Sie nehmen dann auch mehr Gelassenheit und Ruhe mit in den Alltag.

Edelsteinmeditationen haben noch einige weitere Vorteile:

1. Sie lernen die Steine in ihrer Wirkung und Eigenart besser kennen.
2. Sie erfahren mehr über sich selbst und über die anstehenden Probleme.
3. Je nach verwendeten Steinen können Sie die Tiefe der Entspannung oder die Aufmerksamkeit unterstützen.
4. Bei der Meditation kommt Ihnen gleichzeitig die Wirkung der verwendeten Steine zugute.
   Am besten nehmen Sie anfangs nur einen Stein für die Meditation, um seine Energie und Wirkung klarer zu spüren.
5. Die spirituelle Entwicklung wird durch die Meditation unterstützt.

Wenn Sie die Meditation im Sitzen durchführen, nehmen Sie den Edelstein in die zu einer Schale geformten Hände. Oder Sie legen ihn entweder in die linke (intuitive) oder in die rechte (verstandesbetonte) Hand.

Im Liegen können Sie den Stein bevorzugt auf das »Dritte Auge« oder auf ein anderes Energiezentrum plazieren, je nachdem in welchem Bereich Sie Erfahrungen sammeln und wo Sie den Stein intuitiv hinlegen möchten.

Bei der Auswahl der Edelsteine, die Sie zur Meditation verwenden wollen, sollten Sie auch beachten, welcher Meditationstyp Sie sind:

Rote und orange Steine wirken anregend, wecken die Aufmerksamkeit und fördern eine aktive Meditation. Geeignet sind sie besonders für Menschen, die sehr schnell einschlafen und in tiefe Entspannung fallen. Mit diesen Steinen können Sie die Meditation geistig wacher und konzentrierter erleben.

Gelbe und goldene Steine unterstützen eine bewußte Meditation und helfen bei der Lösung von Problemen, weil sie Klarheit bringen.

Rosa Steine zeigen den Weg zu mehr Selbst- und Nächstenliebe. Sie gleichen Aggressionen aus und schenken Sanftmut und Toleranz.

Grüne Steine bringen Ausgleich und fördern die Selbstheilungskräfte. Auch bei zuviel Streß können Sie mit grünen Steinen meditieren.

Blaue Steine beruhigen, entspannen und verhelfen zu einer tiefen Meditation. Sie sind besonders für Menschen geeignet, die schwer abschalten können.

Violette Steine harmonisieren die Gedanken und fördern die spirituelle Entwicklung. Zu empfehlen sind sie für Personen, die leicht durch ihre Gedanken abgelenkt werden.

Weiße Steine klären die Gedanken und verhelfen zu mehr Selbsterkenntnis.

Braune und schwarze Steine erden, stabilisieren und schützen. Sie sind für Menschen gut, die leicht »abheben« und schwer aus der Meditation wieder zurückkommen.

Die Auswahl der Meditationssteine nach der Farbe ist eine grobe Richtlinie. Am besten suchen Sie intuitiv den für Sie geeigneten Edelstein aus oder informieren sich über die Wirkung des jeweiligen Steines genauer.

Wenn Sie Ihren Stein gewählt, gereinigt und zur Meditation aufgelegt haben, entspannen Sie sich und richten Ihre Aufmerksamkeit auf den Stein. Nehmen Sie wahr, welche Gefühle, Empfindungen, Bilder, frühere Erlebnisse und Farben auftauchen. Fühlen Sie sich wie ein Zuschauer im Kino und genießen Sie die Entspannung. Halten Sie nach der Meditation in Stichpunkten die wichtigsten Eindrücke fest. Mit der Zeit entsteht so ein Tagebuch, in dem Sie jederzeit Ihre Erfahrungen und Fortschritte nachlesen können.

Meditationen in Gruppen werden oft als besonders intensiv und wirksam empfunden. Bewährt hat sich dabei, in Kreisform zu sitzen und einen größeren Stein in die Mitte zu stellen. Die Teilnehmer können entweder über das gleiche Thema meditieren oder gemeinsam vom Meditationsleiter durch die Übung geführt werden. Oder man projiziert eine

Zielvorstellung in den Kristall. Diese gemeinsame Visualisierung baut sehr starke Energien auf.

Alternativ kann auch jeder Teilnehmer einen Stein der gleichen Sorte in die Hand nehmen und seine Aufmerksamkeit auf ihn richten. Zu empfehlen ist dafür anfangs besonders der Bergkristall mit seiner universellen Wirkung. Interessant ist es, wenn nach der Meditation die Erfahrungen austauscht werden.

Ein Ziel der Meditation kann sein, daß Sie auch im Alltag bewußter, achtsamer und toleranter werden.

Behandlung

Edelsteine mit ihrer Schönheit, ihren strahlenden Farben, ihren kristallinen Ordnungsstrukturen eignen sich besonders dafür, die Energiezentren des Körpers anzuregen und auszugleichen. Sie können mit den Edelsteinen sowohl sich selbst als auch andere Menschen behandeln. Natürlich ist es empfehlenswert, zunächst bei sich selbst anzufangen. Dadurch sammeln Sie eigene Erfahrungen und lernen die Steine und ihre Wirkung besser kennen. Außerdem finden Sie selbst zu mehr Harmonie, Gesundheit und Erkenntnis, was ja eine gute Basis ist, um anderen zu helfen.

Meist spürt man die Energie der Steine auf eine sanfte Art und lernt nach und nach immer mehr, ihre Ausstrahlung zu spüren. Es können jedoch auch sehr starke körperliche oder gefühlsmäßige Reaktionen bei der Anwendung der Steine vorkommen. Deshalb sollten sie einige Erfahrung haben und mit diesen Energien umgehen können, bevor Sie sie bei anderen Menschen einsetzen.

Wenn Sie genügend Selbstbehandlungen und Meditationen mit den Edelsteinen gemacht haben, können Sie als zweiten Schritt auch Pflanzen, Haustiere, Familienangehörige und Freunde behandeln, wenn diese dafür aufgeschlossen sind.

Versuchen Sie immer eine neutrale, unvoreingenommene Haltung zu bewahren. Niemals sollten Sie Ihren Willen aufzwingen oder feste Vorstellungen haben, was bei der Behandlung passieren muß. Niemals auch sollten Sie jemanden zu einer Behandlung überreden. Versprechen Sie nie bestimmte Ergebnisse, die Sie später nicht einhalten können. Behandeln Sie nur dann, wenn Sie darum gebeten werden. Wenn Sie in Ihrer Einstellung und Entwicklung dafür bereit sind, werden die Menschen von selbst auf Sie zukommen und um Ihre Hilfe bitten. Betrachten Sie sich als Energiekanal, durch den die kosmische Energie dahin fließen kann, wo sie gebraucht wird.

Durch diese neutrale Haltung verlieren Sie mögliche Ängste. Außerdem vermeiden Sie, daß Ihre eigenen Energien angezapft werden und in die Behandlung fließen. Sie verlieren keine Kraft, sondern fühlen sich im Gegenteil nach der Behandlung wohl und erfrischt. Außerdem können Sie so unvoreingenommen Informationen aufnehmen, die während der Behandlung auftauchen. Oft sind diese Botschaften sehr hilfreich. Sie können mit dem Behandelten besprochen werden. Dadurch lassen sich eventuelle Probleme aufarbeiten und das persönliche Wachstum anregen.

Bei der Behandlung können Sie oft Kälte, Wärme und Prickeln spüren oder Licht, Farbe, Bilder, Botschaften und Gefühlseindrücke empfangen. Mit der Zeit lernen Sie diese Informationen immer besser einzuordnen und zu deuten. Dadurch bekommen

Sie viel Aufschluß darüber, wo Blockierungen sitzen oder sich auflösen und wo zu wenig Energie vorhanden ist.

Es kann auch vorkommen, daß Sie die Symptome der Person, die Sie behandeln, im eigenen Körper spüren. Sie können das als Information betrachten, die Sie bekommen, um zu wissen, wie der andere sich fühlt, und um ihm zu helfen. Diese Empfindungen verschwinden während oder nach der Behandlung. Wenn Sie diese Zeichen jedoch nicht wünschen, dann atmen Sie tief ein und lassen den Atem zu den betroffenen Stellen fließen. Beim Ausatmen lassen Sie alles Belastende mit dem Atem nach außen strömen. Zusätzlich können sie einen Schluck Wasser trinken, um diese Energien zu neutralisieren. So fühlen Sie sich schnell wieder frei und leicht.

Manchmal können Sie jedoch negative Energien aufnehmen, wenn Sie nicht darauf geachtet haben, neutral zu bleiben, und mit Ihrem Willen und Ihren Vorstellungen eingegriffen haben. Das gleiche gilt, wenn Sie jemanden heilen wollen. Lassen Sie all diese Wünsche los. Übergeben Sie das, was passiert, der göttlichen Führung und stellen Sie sich als Energiekanal zur Verfügung. Atmen Sie, wie beschrieben, tief ein und aus. Sie werden sehen, daß Sie damit die besten Ergebnisse für sich selbst und für andere erzielen.

Je nach Bedarf wählen Sie die Edelsteine für die verschiedenen Behandlungsarten aus. Wichtig ist in jedem Fall die Reinigung der Steine. Sie können die Steine entweder direkt auf die Haut oder aber auch auf die Kleidung legen. Tragen Sie zur Edelsteinbehandlung möglichst keine bunt gemusterte, sondern lieber einfarbige Kleidung. Dann kommen die Farben der Steine besser zur Wirkung.

Hier einige Vorschläge, wie man Edelsteine zunächst für sich selbst einsetzen kann. Bedenken Sie dabei allerdings immer, daß diese Behandlung weder den Rat eines Arztes oder Heilpraktikers noch Hilfe im akuten Krankheitsfall ersetzen kann.

Selbstbehandlung

Mit einem Stein
Legen Sie den gewählten Edelstein auf die Körperstelle, die Sie behandeln wollen, und lassen Sie ihn dort wirken. Zusätzlich können Sie noch eine Hand auf den Stein und die andere auf den Solarplexus legen. Spüren Sie, wie der Stein sich anfühlt und was er in Ihnen auslöst.

Mit mehreren Steinen
Legen Sie auf jedes Energiezentrum des Körpers je einen Stein, entsprechend den zugeordneten Farben. Einen schwarzen Stein legen Sie zur Erdung zwischen die Füße, den roten Stein legen sie etwas oberhalb des Schritts auf das Basischakra und den orangefarbenen Stein plazieren Sie etwas unterhalb des Nabels. Der gelbe Stein kommt in die Mitte zwischen Nabel und Brustbein und der grüne und rosafarbene auf die Brustmitte. Den blauen Stein legen Sie etwas unterhalb der Halsgrube auf die Haut und den dunkelblauen zwischen die Augenbrauen auf das dritte Auge. Den violetten Edelstein stellen Sie auf die Unterlage hinter den Kopf. Wenn dieser Stein eine Spitze hat, kann sie zum Kopf zeigen, wenn Energie zugeführt werden soll. Vom Kopf zeigt sie weg, wenn überschüssige Energie (Kopflastigkeit, Verstandesbetonung, Gedankenchaos) abgeleitet werden soll. Auch hier können Sie, am Scheitelchakra beginnend bis zum Wurzelcha-

kra, für circa drei Minuten die Hände auf jedes Energiezentrum legen. Spüren Sie, wo die Energien besonders stark fließen und wo Sie wenig oder gar nichts empfinden. Das gibt Ihnen auch Aufschluß darüber, an welchen Chakras Sie zur Zeit noch arbeiten müssen.

Als Variante können Sie Steine der gleichen Sorte, zum Beispiel nur Malachit oder nur Bergkristall, auf jedes Chakra geben. Dadurch kommen die Eigenschaften des verwendeten Steins besonders intensiv zur Wirkung.

Kristallmassage der Hände
Vorzugsweise mit einer naturgewachsenen Bergkristallspitze regen Sie durch eine leichte und mit fließenden Bewegungen ausgeführte Massage die Reflexzonen der Handfläche an. Dabei kann der Kristall die Haut berühren, aber es soll kein Druck ausgeübt werden. Fahren Sie intuitiv die Handlinien nach und umkreisen Sie die Finger in Wellen, Kreisen, Linien oder anderen geometrischen Figuren. Die Stellen, welche besonders stark zu spüren sind, sollten Sie speziell berücksichtigen, aber auch sehr behutsam behandeln. Pro Handfläche massieren Sie ungefähr fünf bis zehn Minuten.

Kristallmassage des Gesichtes
Auch im Gesicht sind wie bei den Händen alle Organe des Körpers als Reflexzonen vorhanden. Mit einem Rosenquarz, einem Bergkristall oder einem Zitrin als Spitze, als Kugel oder als Trommelstein führen Sie, auch hier mit leichter Berührung, die Massage durch. Bewegen Sie den Kristall in fließenden Bewegungen über das ganze Gesicht. Genießen Sie die anregende Wirkung und berücksichtigen Sie besonders die Stellen, die Sie besonders intensiv

spüren. Die Behandlungsdauer kann ungefähr zehn Minuten betragen.

Kristallmassagen harmonisieren, regen die Körperorgane an und spenden Energie.

Anwendung der Steine für eine zweite Person

Die richtige Ausstattung und Umgebung sorgt bei einer Edelsteinbehandlung dafür, daß Sie und die zu behandelnde Person sich wohl fühlen. Dazu gehört, daß Sie einen ruhigen, gut gelüfteten Raum wählen, der eine gute Atmosphäre ausstrahlt. Sanfte Meditationsmusik schafft auch eine gelöste Stimmung. Für die Behandlungen ist eine Massageliege oder als Ersatz ein Tisch, auf den Sie eine Decke legen, zu empfehlen. Die Person, welche behandelt werden soll, nimmt Uhr, Schmuck, Gürtel und Schuhe ab, legt sich auf die Liege beziehungsweise den Tisch; Sie können sie mit einer leichten Decke zudecken. Dadurch fühlt sie sich behütet und warm. Sie können dann bequem im Stehen oder Sitzen arbeiten. Auch Sie sollten Uhren und Schmuck während der Behandlung ablegen.

Behandeln Sie grundsätzlich nur, wenn Sie bereit dazu sind, Zeit haben und sich ausgeglichen fühlen. Vor jeder Behandlung suchen Sie, wie im Abschnitt *Auswahl* (Seite 59 ff.) beschrieben, die Steine aus und reinigen sie. Erklären sie der zu behandelnden Person, wie die Sitzung ablaufen wird und was Sie machen werden. Indem der Patient sich entspannt, ruhig atmet und eventuell die Augen schließt (wenn er sich damit wohl fühlt), trägt er zum Behandlungserfolg bei. Teilen Sie außerdem mit, daß während der Behandlung auch Tränen, Schmerz, Ängste,

Trauer und andere Gefühle auftreten können, wenn sich Blockierungen lösen.

Sollte während der Behandlung ein Stein verrutschen oder herunterfallen, lassen Sie ihn ruhig so liegen, denn Sie können davon ausgehen, daß dies nicht »zufällig« geschieht, sondern vom Unterbewußtsein des Behandelten ausgeht, um den Energiefluß zu korrigieren.

Waschen Sie sich vor und nach jeder Behandlung die Hände unter fließendem Wasser.

Konzentrieren Sie sich auf die Behandlung, und achten Sie auf Ihre Gefühle und Eindrücke sowie auf die Reaktionen der anderen Person.

Kurzbehandlung mit vier Steinen
Für diese Methode legt man einen schwarzen Stein zwischen die Füße, je einen Bergkristall (immer zwei gleiche Formen verwenden, zum Beispiel zwei Kugeln, zwei Spitzen oder zwei Trommelsteine) in jede Hand und einen Stein auf das Chakra, welches man besonders berücksichtigen möchte. Die Hände legt man für ungefähr je fünf Minuten zunächst auf das Scheitelchakra, dann auf das Energiezentrum mit dem Edelstein und zum Abschluß auf die Füße. Die Hände passen sich dabei den Körperkonturen an und sollten ohne Druck nur ganz leicht aufgelegt werden.

Behandlung mit mehreren Steinen
Wie bei der Selbstbehandlung wird auf jedes Chakra (auch auf die Füße) je ein Stein in der entsprechenden Farbe gelegt und je ein Bergkristall in die Hände. Auf das Herzchakra legen Sie einen grünen und einen rosa Stein. Unterstützend können Sie auch hier die Hände, beim Scheitelchakra beginnend, auf jedes Energiezentrum für circa drei bis

fünf Minuten legen. Dies ist die intensivste Behandlungsform, sie dauert meist 30 bis 60 Minuten.

Kristallmassagen
Auch gegenseitig können Sie sich behandeln. Massieren sie entweder Hand-, Fuß- oder Gesichtsreflexzonen intuitiv mit einer Kristallspitze, einem Massagestab oder einem Trommelstein, am besten mit Bergkristall. Lassen sie sich intuitiv leiten, welche Bewegungen Sie dabei ausführen und welche Zonen Sie besonders intensiv behandeln wollen. Arbeiten Sie nur mit sehr geringem Druck, so wie es Ihrem Gegenüber angenehm ist. Als Behandlungsdauer sind je zehn Minuten angemessen.

Aurakristallmassage
Diese Methode wird über dem Körper in der Aura durchgeführt. Man fängt beim Wurzelchakra an und dreht mit einer naturgewachsenen Bergkristallspitze circa 20mal kreisförmig über dem Chakra – bei Frauen gegen den Uhrzeigersinn, bei Männern im Uhrzeigersinn. Aus der Drehung heraus geht man dann in fließender Bewegung weiter zum Milzchakra und ändert dabei die Drehrichtung. Hier kreist man wieder 20mal und geht weiter zum Solarplexus, wobei man wieder die Drehrichtung ändert. So fährt man fort bis zum Scheitelchakra. Lassen Sie sich auch bei dieser Massage von Ihrer Intuition leiten, mit welchem Radius und welcher Geschwindigkeit Sie den Kristall über den Chakras drehen. Diese Kristallmassage kann auch sehr gut als Abschluß einer Edelsteinbehandlung gemacht werden. Sie dauert ungefähr zehn Minuten.

Edelsteinbehandlungen regen die Selbstheilungskräfte an, wirken reinigend und fördern die Ausscheidung von Schlacken und Giftstoffen. Um diese Reinigung zu unterstützen, kann man zusätzlich viel Wasser trinken.

Es hat sich bewährt, anfangs drei bis vier Behandlungen in Abständen von einigen Tagen zu machen, um danach zu einem wöchentlichen Rhythmus überzugehen.

Nach allen Edelsteinbehandlungen sollten Sie darauf achten, daß die Person, die Sie behandelt haben, wieder »voll da« ist. Das heißt, man sollte ihr immer so viel Zeit geben, sich wieder zu sammeln und zurückzukommen, wie notwendig. Sprechen Sie die Erlebnisse durch, und warten Sie, bis starke Gefühlsausbrüche abgeklungen sind.

Selbstverständlich sollten Erlebnisse und Eindrücke, welche in den Behandlungen auftauchen, vertraulich behandelt werden.

Wenn Sie wieder alleine sind, lassen Sie alle Probleme und Fragen los, die während der Behandlung aufgetaucht sind. Geben Sie diese vertrauensvoll in die Hände der göttlichen Führung, und konzentrieren Sie sich wieder ganz auf das Hier und Jetzt.

Edelsteinwasser und -essenzen

Früher wurden Elixiere aus pulverisierten Steinen hergestellt. In der Ayurvedamedizin wird diese Methode immer noch verwendet, um Edelsteine auch innerlich anwenden zu können.

Heute ist man jedoch größtenteils dazu übergegangen, mit den ganzen Steinen Edelsteinwasser und -essenzen herzustellen, indem man die Schwingung der Steine auf das Wasser überträgt. Edelsteinelixiere sind Schwingungsheilmittel, wie homöopathische Potenzen und Blütenessenzen. Sie können eingenommen oder auf Chakras und Reflexzonen aufgetragen werden. Dadurch überträgt man die Schwingungen der Edelsteine auf den feinstofflichen Körper, wo sie dann ihre Wirkung entfalten können.

Herstellung von Edelsteinwasser
Füllen Sie ein Glasgefäß mit Quellwasser, destilliertem Wasser oder Mineralwasser. Den Edelstein suchen Sie nach der gewünschten Wirkung aus. Zum Beispiel Bergkristall für Energie und Harmonie, Rosenquarz zur Beruhigung oder Rubin zur Aktivierung. Legen Sie den ausgesuchten und gereinigten Stein in das Gefäß mit dem Wasser und stellen Sie dieses auf ein weißes Tuch in die Sonne, eine Stunde lang bei starker Sonne oder bis zu zehn Stunden bei bedecktem Himmel. Sonne verstärkt vor allem die aktivierenden, männlichen Eigenschaften der Steine. Um die beruhigenden, weiblichen Eigenschaften zu verstärken, bereiten Sie das Edelsteinwasser besser im Licht des Mondes zu, möglichst bei zunehmendem Mond oder Vollmond. Um das Glas können Sie zur Energieverstärkung noch je vier Bergkristallspitzen, mit den Spitzen zum Gefäß, in Kreuzform legen. Außerdem empfiehlt es sich, für ungefähr fünf Minuten die Handflächen über das Glas zu halten, zur zusätzlichen Energieverstärkung. Das fertige Edelsteinwasser sollte baldmöglichst verbraucht werden.

Es läßt sich sehr vielseitig verwenden:

- zum Trinken für Mensch und Tier,
- zum Gießen der Pflanzen,
- zur Herstellung von Pflegeprodukten wie Cremes und Lotionen,

- für medizinische Zwecke wie Kompressen und Tees,
- zum Kochen und Backen,
- zum Kombinieren mit Blütenessenzen,
- zum Auftragen auf die Chakras und Reflexzonen.

Herstellung von Edelsteinessenzen
Die ist etwas aufwendiger. Auch hierbei werden die Energien und Informationen der Steine in den Schwingungsträger Wasser geleitet und können dann in flüssiger Form besonders gut, sowohl vom physischen als auch vom feinstofflichen Körper, aufgenommen werden. Für Edelsteinelixiere verwendet man am besten destilliertes Wasser, da es keine anderen Mineralien enthält wie zum Beispiel Mineralwasser. Man braucht zur Herstellung, außer dem gereinigten Edelstein und dem Wasser, eine Glasschale, eine Bergkristallgeode oder eine geschliffene Bergkristallschale sowie etwas Gaze zum Abdecken des Gefäßes und Alkohol zum Ausreiben und Sterilisieren der Schale. Die verwendeten Steine sollten qualitativ gut, farbintensiv, möglichst rein und frei von artfremden Mineralien sein. Um gute Ergebnisse zu erzielen, sollten Sie sich während der Herstellung in einer ausgeglichenen Stimmung befinden.

- Spülen Sie das gewählte Gefäß mit heißem Wasser aus; dann reiben Sie es mit dem Alkohol ab.
- Legen Sie den Stein in die Schale, und gießen Sie die gewünschte Menge destilliertes Wasser hinzu.
- Stellen Sie den mit Gaze abgedeckten Behälter in die Sonne, möglichst ins Freie.
- Um die Wirkung zu intensivieren, können Sie noch mehrere Bergkristallspitzen, mit den Spitzen nach innen zeigend, um das Gefäß legen.

- Halten Sie ihre Handflächen über den Behälter.
- Atmen Sie tief ein, und stellen Sie sich vor, wie der Atem als klares Licht durch Ihr Scheitelchakra einfließt und über Ihre Schultern und Hände zu dem Gefäß strömt. Wiederholen Sie dies ungefähr fünf Minuten lang.
- Der Behälter sollte nun für 24 Stunden, möglichst zur Zeit des zunehmenden Mondes oder bei Vollmond, im Freien bleiben.
- Zur Konservierung können Sie die fertige Essenz zur Hälfte mit einem guten Cognac mischen. Wenn Sie destilliertes Wasser verwendet haben, hält sich das Elixier auch ohne Cognac ziemlich lange.
- Füllen Sie die Edelsteinessenz zur leichteren Handhabung in sterilisierte und beschriftete Tropffläschchen, die Sie möglichst kühl, dunkel und nicht in der Nähe von elektrischen Geräten aufbewahren sollten.

Die Anwendungsmöglichkeiten entsprechen denen des Edelsteinwassers, nur daß man pro Gabe drei bis fünf Tropfen, meist mit Wasser verdünnt, verwendet. Normalerweise nimmt man drei Gaben pro Tag.

Wenn sie das Thema Edelsteinessenzen vertiefen möchten, empfehle ich folgende Bücher:

Orchideen, Edelsteine und ihre heilenden Essenzen von A. Korte, A.+H. Hofmann (Verlag Hermann Bauer);

Heilung durch die Schwingung der Edelsteinelixiere von Gurudas (Urania Verlag).

Edelsteine und Reiki

Reiki ist ein japanisches Wort und bedeutet universelle Lebensenergie, die lebensspendende kosmische Kraft, die alles Lebendige erhält. Reiki ist nicht »nur« eine natürliche, uralte Heilmethode mit den Händen, sondern auch Liebe, Wachstum, Kraft und Spiritualität, die unser ganzes Wesen berührt. Ende des letzten Jahrhunderts wurde Reiki von dem japanischen Theologen Dr. Mikao Usui nach jahrelanger Forschung und Suche wiederentdeckt und später an seine Nachfolger Dr. Hayashi, Hawayo Takata und Phyllis Furumoto weitergegeben.

Heute ist Reiki weitverbreitet, und viele Lehrer unterrichten Reiki. Inzwischen gibt es Hunderttausende von Menschen, die es anwenden, auf diese Weise ihr Leben bereichern und es zu ihrer Heilwerdung und spirituellen Entfaltung benutzen. Reiki ist weit mehr als eine Heilenergie. Es ist verbunden mit Bewußtwerdung und Persönlichkeitsentwicklung. Es stellt die körperliche, geistige und seelische Harmonie wieder her. Reiki kann für Menschen, Tiere und Pflanzen eingesetzt werden. Es geht durch alle Materialien wie Kleidung, Gips und Metall hindurch. Außerdem kann es gut mit anderen Therapieformen kombiniert werden.

Reiki wird in verschiedenen Energieübertragungen vom Meister an den Schüler weitergegeben. Jeder, der den Wunsch dazu hat, kann Reiki lernen. Nach dem Usui System gibt es drei Reikigrade:

Im ersten Grad werden die Reiki-Handpositionen, verschiedene Behandlungsformen wie Selbstbehandlung und Ganzkörperbehandlung sowie die von Dr. Usui aufgestellten Reiki-Lebensregeln gelehrt. Außerdem werden durch vier Einstimmungen die Heilungskanäle gereinigt und geöffnet. Reiki kann man für sich selbst und für andere zum Ausgleich und zur Harmonisierung einsetzen.

Der zweite Grad mit einer weiteren Einstimmung bringt erweiterte Möglichkeiten mit sich. Mit Hilfe von drei Symbolen lernt man, die Reiki-Energie noch zu verstärken sowie Geist- und Fernheilung durchzuführen. Außerdem bringt der zweite Grad eine stärkere Bewußtwerdung mit sich.

Der dritte Grad beinhaltet die Einstimmung zum Reikimeister und -lehrer. Man verpflichtet sich damit, sein Leben mit Reiki zu meistern. Mit diesem Reikigrad kann man auch andere Menschen in Reiki einstimmen und bekommt selbst ein wesentlich höheres Energiepotential.

Reiki läßt sich auch sehr gut mit Edelsteinen kombinieren. Auch können die Steine mit Reiki gereinigt und aufgeladen werden. Bei der Reikibehandlung kann man zusätzlich Steine auf die Chakras legen und so die Behandlung intensivieren. Dadurch wird die Behandlungszeit verkürzt, und es werden sehr gute Resultate erzielt. Die Behandlungsdauer einer Ganzkörperbehandlung von eineinhalb Stunden verringert sich mit den Steinen oft auf die Hälfte oder sogar ein Drittel. Der Behandelte spürt zusätzlich zur wohltuenden Reikibehandlung die Wirkung der Edelsteine, gleichzeitig werden die Steine mit Reiki aufgeladen.

Zur Selbstbehandlung kann man sich zum Beispiel einen Bergkristall auf jedes Chakra legen und dann die Handpositionen anwenden.

Spürt man bei der Behandlung Körperstellen, die wenig oder zuviel Energie haben, lassen sich diese mit einer Bergkristallspitze aktivieren oder auch harmonisieren. Man zeichnet mit ihr rechtsdrehende Kreise über den betroffenen Stellen.

Auch die Reikisymbole kann man mit einer Kristallspitze wirkungsvoll zeichnen. Zur Intensivierung der Fernheilung mit Reiki kann man eine Bergkristallspitze auf das Foto des Empfängers der Behandlung legen. Außerdem kann man die Reikisymbole über Kristalle oder Schmuck zeichnen, um deren Wirkung zu steigern.

Auch Tiere und Pflanzen können mit einer Kombination von Reiki und Edelsteinen behandelt werden, indem man die entsprechenden Steine auflegt und Reiki fließen läßt. Trink- und Gießwasser lassen sich mit einem Bergkristall, der ins Wasser gelegt wird, und Reiki, das aufs Wasser gegeben wird, energetisieren.

Edelsteine und Blütenessenzen

Die Blütentherapie wurde von dem englischen Arzt Dr. Edward Bach (1886–1936) entwickelt. Er fand 38 Pflanzentypen, die typischen Seelenzuständen beim Menschen entsprechen und entwickelte eine Methode, um die speziellen Kräfte der Pflanzen in den Blütenessenzen einzufangen. Diese Elixiere wirken besonders gut, wenn sie zu dem jeweiligen Seelenzustand des Patienten passen. Dann geben sie geistige und seelische Impulse, die zur Harmonisierung und Gesundung beitragen. Bach, der sehr sensitiv war, hat seine Blütenmittel in sieben Gruppen unterteilt, welche die verschiedenen Probleme des Menschen deutlich machen: Angst, Desinteresse, Überempfindlichkeit, Mutlosigkeit, Unsicherheit, Einsamkeit und übertriebene Fürsorge.

Diese Heilmethode ist auch zur Selbstbehandlung geeignet, da Sie über die Beschreibung der Blütenbilder Ihren Seelenzustand beziehungsweise Ihr

Fehlverhalten erkennen können. Außerdem wird bei der Wahl eines falschen, nicht passenden Mittels kein Schaden angerichtet, denn Blütenessenzen sind Schwingungsträger, und wenn die Schwingungen keine Resonanz finden, wirken sie auch nicht.

Die Entwicklung ist seither nicht stehengeblieben, bei neuen Herstellungsverfahren für die Essenzen kann sogar auf das Pflücken der Blüten verzichtet werden. Forschungsarbeiten rund um den Planeten haben die Botschaften anderer Pflanzen entschlüsselt.

So gibt es inzwischen noch weitere Blütenessenzen, die von verschiedenen Personen entdeckt und entwickelt wurden. Unter anderem sind die »Kalifornischen Essenzen«, »die Rosen-Essenzen« und die «Orchideen-Essenzen« bekannt geworden und in verschiedenen Büchern dokumentiert (siehe Literaturhinweise Seite 199 ff.).

Auch die Edelsteintherapie kann durch die Einnahme von oder das Einreiben mit Blütenessenzen abgerundet werden. Dazu testen Sie die entsprechenden Bachblüten aus, eventuell mit den Testmethoden, die im Abschnitt *Auswahl* beschrieben sind, oder Sie suchen in der entsprechenden Lektüre die passende Essenz aus.

Nach der Behandlung mit Steinen nehmen Sie die passende Essenz für zwei bis drei Wochen ein. Danach empfiehlt es sich, neu auszutesten. In der Regel nimmt man eine Dosis von drei bis fünf Tropfen dreimal täglich ein.

Sie können auch Edelstein- und Blütenessenzen kombiniert einnehmen. Dazu werden jeweils drei bis vier Tropfen von beiden Essenzen mit Wasser vermischt und in ein Tropffläschchen gefüllt. Davon nehmen Sie dreimal täglich vier Tropfen.

In das Fläschchen mit der Blütenessenz können

Sie einen passenden kleinen Edelstein legen, mindestens zehnmal verschütteln und dann verwenden.

Edelsteine und Aromatherapie

Die Geschichte der Aromatherapie ist Tausende von Jahren alt. Räucherungen wurden zur Geisterabwehr, zur Reinigung, zur Heilung und zur Entspannung eingesetzt. Duftsalben und ätherische Öle verwendete man für kosmetische Zwecke, zur Vorbeugung, zur Heilung und zur Harmonisierung.

Gerüche sind oft mit Erinnerungen verbunden. Manchmal holt ein bestimmter Duft eine längst vergessene Erinnerung ins Gedächtnis. Man atmet automatisch tiefer, wenn man durch Fichtennadelaroma an einen erholsamen Waldspaziergang erinnert wird. Düfte werden also im Gedächtnis gespeichert und sind oft mit bestimmten Gefühlen und Stimmungen verbunden.

Ätherische Öle sind dünnflüssig, hinterlassen keine Fettflecken und verflüchtigen sich leicht. Wohlgerüche werden vor allem über die Nase, aber auch über die Haut aufgenommen; manche Aromastoffe können auch eingenommen werden.

Die Düfte der Pflanzenwelt können den Stoffwechsel und die Organe anregen, das seelische Gleichgewicht fördern, das Wohlbefinden steigern und zur Vorbeugung und Heilung verwendet werden. Durch ihre ganzheitliche Wirkung auf Körper, Geist und Seele fördern sie die Selbstheilungskräfte, stärken die Gesundheit und regen das seelische Wachstum an. Entscheidend für die gute Wirkung der Duftöle ist ihre Reinheit und Qualität. Kaufen Sie daher möglichst nur naturreine, unvermischte Essenzen.

Wer gerne mit Düften arbeitet, kann damit auch die Edelsteintherapie bereichern. Die Duftnoten sollte man jedoch möglichst auf den persönlichen Geschmack abstimmen.

Düfte lassen sich auf verschiedene Arten mit den Edelsteinen kombinieren:

- Durch eine Duftlampe oder ein Aerosolgerät verbreiten sich die Düfte sehr schnell im Raum und schaffen eine angenehme Atmosphäre bei der Edelsteinbehandlung. Durch gezielte Auswahl des Duftes können Sie zum Beispiel die Meditation (Rose, Myrte, Zeder) oder die Harmonisierung (Bergamotte, Lavendel, Melisse) unterstützen.
- Im Badewasser gelöste Essenzen machen das Bad zu einem Genuß und verwöhnen Leib und Seele. Zusätzlich können Sie nun, dem Duft entsprechend, anregende (wie Rubin, Karneol, Granat) oder entspannende (wie Aventurin, Mondstein, Rosenquarz) Trommelsteine in die Badewanne geben.
- Mit Aroma versetzte Massageöle (möglichst kaltgepreßt), in die man einen Edelstein (zum Beispiel Bergkristall, Rubin, Karneol) legt, aktivieren den Stoffwechsel, entspannen die Muskeln, straffen und verjüngen die Haut bei der Massage.
- Durch Edelsteingesichtswasser, -öle und -hautcremes mit natürlichen Düften können Sie Ihre Haut pflegen und verjüngen.
- Sie können Ihren persönlichen Stein in einem Stoffbeutelchen umhängen, das mit Ihrem Lieblingsduft angereichert ist.
- Sehr speziell ist das Auftragen von Aromaölen auf ein Chakra bei der Edelsteinbehandlung. Dazu sollten Sie erspüren oder austesten,

1. welches Chakra mit dem Duft aktiviert werden soll,
2. welches Aroma sich am besten für das gewählte Chakra eignet,
3. welche Steine die Wirkung des Aromas unterstützen und aufgelegt werden können.

Dazu einige Vorschläge, welche Düfte besonders gut zu den jeweiligen Chakras passen:
Scheitelchakra: Olibanum; Drittes Auge: Jasmin, Salbei; Halschakra: Eukalyptus, Lavendel; Herzchakra: Rose; Solarplexus: Lavendel, Neroli, Patschouli; Sakralchakra: Sandel, Zitrone; Basischakra: Nelke, Lotus, Eisenkraut.

Praktische Übungen mit den Steinen

Die folgenden Übungen machen Sie schneller mit den Edelsteinen und deren Schwingungen vertraut. Achten Sie bitte darauf, daß Sie für die Experimente Ruhe haben und nicht gestört werden. Da auch Schmuck und Uhren eine Ausstrahlung haben, legen Sie diese ab, bevor Sie anfangen. Außerdem sollten Sie bequem sitzen oder liegen und keine unbequemen Kleidungsstücke tragen.

Beginnen und beenden Sie bitte jede Übung, indem Sie die Steine mit Gedankenkraft reinigen und aufladen, wie im Abschnitt *Reinigung und Pflege* beschrieben. So üben Sie die visuelle Reinigung und halten die Steine gleichzeitig frei von fremden Energien.

Übung zum Einstimmen auf einen Stein

Wählen Sie für diese Übung einen Stein, der Sie besonders anspricht. Setzen Sie sich bequem und aufrecht hin, und nehmen Sie den Stein in die linke Hand. Betrachten Sie ihn, seine Form, seine Farbnuancen. Hat er Einschlüsse? Ist seine Oberfläche glatt oder rauh, matt oder glänzend? Nehmen Sie alle Eindrücke über die Augen auf.

Dann betasten Sie Ihren Stein. Fühlen Sie seine Oberfläche, eventuelle Unebenheiten, Kanten oder Spitzen. Fühlt er sich kalt oder warm, leicht oder schwer an?

Schließen Sie die Augen und spüren Sie, was der Stein in Ihnen auslöst! Ist er angenehm? An welcher Stelle des Körpers fühlen Sie seine Energien besonders? Was verändert sich in Ihrem Körper, während sie den Stein halten? Wie fühlt er sich an? Beobachten Sie, was sich verändert. Machen Sie abschließend einige Notizen von Ihren Eindrücken.

Partnerübung mit verschiedenen Steinen

Für dieses Experiment sollten Sie mehrere verschiedene Steine zur Verfügung haben.

Setzen Sie sich entspannt und gerade hin, und legen Sie Ihre Hände nach oben geöffnet und bequem auf Ihre Oberschenkel. Schließen Sie die Augen.

Ihr Partner sucht nun einen Stein aus, den er in Ihre rechte Hand legt. Lassen Sie den Stein da liegen, ohne ihn zu betasten. Teilen Sie mit, was Sie spüren. Ihr Partner kann Sie dabei mit folgenden Fragen unterstützen:

- Was ist der erste Eindruck?
- Wie fühlt sich der Stein an?
- Leicht oder schwer?
- Warm oder kalt?
- Angenehm oder unangenehm? (Falls der Stein sehr unangenehm ist, legen Sie ihn beiseite, neutralisieren Sie Ihre Hände mit fließendem Wasser, und fahren Sie mit einem anderen Stein fort. Wenn Sie zu einem späteren Zeitpunkt noch mal mit diesem Stein arbeiten möchten, gehen Sie behutsam vor, und verwenden Sie ihn nicht zu lange.)
- Was löst er im Körper aus?
- Fließen Energien? Wo fließen Sie hin?
- Welche Gefühle entstehen?
  Nach einiger Zeit legt Ihr Partner den Stein in Ihre linke Hand. Beobachten Sie wieder, was passiert. Eventuell mit den gleichen Fragen.
- Wie ist der Unterschied zur anderen Hand? Wie fühlt sich die rechte Hand nun ohne Stein an?
- Empfinden Sie eine Farbe?
  Zum Abschluß betrachten Sie den Stein, und machen Sie sich Notizen zu Ihren Eindrücken.

Machen Sie die Übung abwechselnd mit verschiedenen Steinen, aber nur so lange, wie Sie sich gut konzentrieren können. Sie werden feststellen, daß die Erfahrungen mit verschiedenen Steinen sehr unterschiedlich sein können. Ihre Resonanz auf den jeweiligen Kristall entspricht Ihrem augenblicklichen Zustand. Sie können daher durchaus mit dem gleichen Stein zu einem anderem Zeitpunkt andersartige Reaktionen erleben. Vor allem, wenn Sie längere Zeit mit dem gleichen Stein arbeiten, wird sich Ihre Reaktion auf ihn verändern.

Intuitiver Kontakt zu einem Bergkristall

Nehmen Sie eine naturgewachsene Bergkristallspitze in die linke Hand und setzen Sie sich entspannt hin. Richten Sie Ihre Konzentration auf den Kristall und fragen Sie ihn, was er Ihnen mitteilen möchte.

- Wofür können Sie ihn verwenden?
- Für sich selbst oder einen anderen Menschen?
- Für eine spezielle Körperstelle oder ein bestimmtes Chakra?
- Als geistige Unterstützung?

Achten Sie auf Ihre Gedanken, Gefühle und Eindrücke. Bleiben Sie achtsam, auch wenn zunächst nur alltägliche Gedanken auftreten. Mit fortschreitender Übung werden die Informationen immer klarer.

Ein Edelstein als täglicher Begleiter

Suchen Sie sich einen Stein aus, der Sie besonders anspricht. Machen Sie mit ihm zunächst die Übung zum Einstimmen. Tragen Sie diesen Stein für einige Tage bei sich, nehmen Sie ihn, so oft Sie mögen, in die Hand, spielen Sie mit ihm, und spüren Sie immer wieder nach, wie Sie ihn empfinden. Jeden Abend sollten Sie Ihren Stein energetisch reinigen, indem Sie ihn unter klarem Wasser abspülen. Durch diese Übung, die Sie nach und nach mit verschiedenen Steinen machen können, werden Sie mit der Ausstrahlung und Wirkung der Steine sehr vertraut und machen so vor allem Ihre eigenen Erfahrungen.

Nachts sollten Sie die Steine nicht verwenden, außer wenn Sie Erfahrungen mit Träumen sammeln wollen. Die Traumarbeit wird im Abschnitt *Fortgeschrittene Praxis* (Seite 108 ff.) beschrieben.

Zielverwirklichung mit Kristallen

Kristalle können, wie Experimente gezeigt haben, Schwingungen und Gedankenmuster speichern. Der amerikanische Chemiker Marcel Vogel hat 50 Jahre lang mit Kristallen gearbeitet, sie im Labor gezüchtet und sie erforscht. Bei Experimenten mit Flüssigkristallen stellte er fest, daß Gedankenbilder von den Kristallen gespeichert werden können. Zum Beispiel stellte er sich einen Baum vor und projizierte in Gedanken dieses Bild in die kristalline Flüssigkeit. Danach wuchsen die Kristalle in der Form dieses Baums. Auch Experimente, in denen Kristallenergie auf Wasser übertragen wurde, waren erfolgreich. Vogel hat auch Instrumente entwickelt, mit denen man Schwingungen messen kann, die ein Kristall gespeichert hat.

Diese Speichereigenschaft der Kristalle kann man benutzen, um Ziele, Gedankenformen oder andere Informationen im Stein festzuhalten. Immer dann, wenn man den Kristall berührt, betrachtet, trägt oder verwendet, wird die Programmierung ins Bewußtsein beziehungsweise ins Unterbewußtsein geholt und kann dort verstärkt arbeiten.

Wichtig ist bei der Programmierung, daß die Gedanken oder Ziele so positiv, klar und kurz wie möglich formuliert werden.

– Positiv heißt, das gewünschte Endziel, das optimale Ergebnis, einzugeben. Wenn das Ziel ist,

eine Krankheit zu überwinden (zum Beispiel Asthma), geben wir nicht ein »Ich habe kein Asthma mehr«, denn das Unterbewußtsein beachtet die Verneinung nicht, und so würde die Aufmerksamkeit noch verstärkt auf die Krankheit gelenkt. Ein positiver Wortlaut wäre hier: »Ich bin gesund. Mein Atem fließt frei und leicht.« Die Formulierung in der Gegenwart zeigt dabei die besten Ergebnisse.
- So klar wie möglich heißt, einfache und bildhafte Gedanken und Ausdrücke zu verwenden. Haben Sie zum Beispiel als Ziel, eine Prüfung zu bestehen, stellen Sie sich bildlich vor, wie Sie das Diplom mit Glückwünschen überreicht bekommen.
- Kurze Formulierungen, wie »Ich bin gelassen«, helfen, daß sich das Programm besser einprägt.

Transparente Steine lassen sich besonders gut programmieren. Am besten geeignet ist der Bergkristall, da er das weiße Licht und damit alle Farben in sich trägt und von seinen Einsatzmöglichkeiten her am vielseitigsten ist. Bei anderen Kristallen sollten Sie darauf achten, daß Grundschwingung und Farbe mit dem gewünschten Ziel übereinstimmen. Nehmen Sie also keinen Rubin, der von seinen Eigenschaften her vitalisierend und aktivierend wirkt, um ihn für Schlaf und Ruhe zu programmieren. Dafür wäre etwa ein Amethyst geeignet.

Nachfolgend das Verfahren für die Programmierung eines Kristalls Schritt für Schritt:

1. Schreiben Sie möglichst klar, kurz und präzise das Ziel, die Vorstellung oder die Botschaft, die Sie programmieren möchten, auf.
2. Reinigen Sie den Kristall, den Sie verwenden wollen, und nehmen Sie ihn in die Hände.

3. Entspannen Sie sich, atmen Sie tief ein und aus, und konzentrieren Sie sich auf die Formulierung, die Sie eingeben wollen.
4. Atmen Sie tief ein, und blasen Sie Ihren Atem über den Kristall mit der Vorstellung, daß Sie mit Ihrem Atem das Programm in den Stein fließen lassen. Das wiederholen Sie bitte noch zweimal.
5. Jetzt kann der Stein verwendet werden, indem Sie ihn bei sich tragen, in Sichtweite legen oder ab und zu berühren. Verwenden Sie den Stein nur für den programmierten Zweck.
6. Wenn das gewünschte Ziel erreicht ist, sollten Sie den Kristall wieder reinigen und damit die Programmierung löschen.

Eine gute Möglichkeit ist es auch, ein Bild mit der Zielvorstellung zu malen, den Kristall zu programmieren und dann auf das Bild zu legen. Jedesmal, wenn Sie dann das Bild und den Kristall betrachten, wird das Ziel wieder ins Bewußtsein geholt.

Sie können auch Bilder, Affirmationen, Töne, Farben, Symbole und Gefühle in Edelsteine speichern.

Wenn Sie schon einige Erfahrungen mit dem Programmieren gemacht haben, können Sie diese Steine ebenso für Pflanzen, Tiere, Freunde und Ihre Familie verwenden.

Fortgeschrittene Praxis

Die in den Abschnitten *Chakras* und *Behandlung* beschriebenen Methoden eignen sich gut, um mit den Edelsteinen zu arbeiten und eigene Erfahrungen zu sammeln. Im Laufe der Zeit und mit wachsender Übung werden Sie die gesammelten Erfahrungen berücksichtigen und mit in die Behandlung einbeziehen. Sie werden andere Methoden dazulernen, mehr und mehr die Intuition entwickeln und so mit den Botschaften der inneren Stimme arbeiten. Dadurch gewinnen Sie auch noch an Selbstsicherheit und Vertrauen in die eigene Arbeit.

Durch weiterführende Praktiken können Sie die gewonnenen Erkenntnisse vertiefen und neue Erfahrungen sammeln.

Fernbehandlung mit Kristallen

Edelsteine lassen sich auch raum- und zeitversetzt verwenden. Das heißt, Sie können zum Beispiel eine Person, die sich an einem anderen Ort befindet, behandeln. Auch zu einem Ereignis oder einer Person in der Vergangenheit oder in der Zukunft können Sie Energie senden.

Wie bei der normalen Behandlung ist es wichtig, daß die Person, die behandelt wird, damit auch einverstanden ist. Sie sollte also um Ihre Unterstützung bitten. Falls das nicht möglich ist, fragen Sie in Gedanken das Höhere Selbst des anderen um die Erlaubnis.

Kann der Behandlungstermin abgestimmt werden, dann sollte sich der Empfänger zu diesem Zeitpunkt entspannen und eventuell einen Bergkristall in die Hände nehmen, um so die Wirkung der Fernbehandlung zu unterstützen.

Immer sollten Sie sich als Heilungskanal betrachten und darum bitten, daß alles, was geschieht, dem Wohle aller Beteiligten diene.

Es gibt verschiedene Methoden:

1. Nehmen Sie eine gereinigte Bergkristallspitze in die Hand, und stellen Sie sich vor, daß der Emp-

fänger sich mit dem Kopf in Richtung Spitze in den Bergkristall legt. Nun atmen Sie tief ein und lassen den Atem zum eigenen Herzen fließen. Hier breitet sich der Atem als erfrischende, grüne Farbe aus. Beim Ausatmen lassen Sie dieses heilsame Grün nach außen strömen und blasen es über den Kristall. Wiederholen Sie dies mehrmals, bis Sie die Vorstellung haben, daß der Kristall und der Empfänger der Behandlung von der grünen Heilungsenergie erfüllt sind. Zum Abschluß lassen Sie in Ihrer Vorstellung die Person aus dem Bergkristall steigen. Bedanken und verabschieden Sie sich in Gedanken.

2. Verwenden Sie entweder ein Ganzfoto oder zeichnen Sie auf ein weißes Blatt die Figur der zu behandelnden Person. Suchen Sie die passenden Steine aus, reinigen und legen Sie sie auf die entsprechenden Chakrastellen des Fotos oder der Zeichnung. Entweder halten Sie dann die Hände darüber, oder Sie richten eine Bergkristallspitze darauf. Dabei stellen Sie sich vor, daß kosmische Heilungsenergie durch Ihr Scheitelchakra über Schultern, Arme und Hände zu der Person fließt und sie mit strahlendem weißen Licht erfüllt. Diese Vorstellung halten Sie solange aufrecht, bis Sie spüren, daß es genug ist. Bedanken und verabschieden Sie sich. Vergessen Sie anschließend nicht, die verwendeten Steine zu reinigen.

3. Haben Sie genügend Übung im Visualisieren, dann können Sie den zu behandelnden Menschen auch vor Ihr geistiges Auge holen. Wieder nehmen Sie eine gereinigte Bergkristallspitze in die Hand und lassen kosmische Lebensenergie über Ihr Scheitelchakra durch sich zu der Person fließen; füllen Sie dabei ihren Körper nach und nach mit strahlendem Licht. Dabei können an

manchen Körperstellen verschiedene Farben aufleuchten, Symbole sichtbar werden oder andere hilfreiche Informationen bewußt werden, die dann zur weiteren Behandlung eingesetzt werden können. Auch hier sollten Sie sich zum Abschluß bedanken und verabschieden. Außerdem können Sie zum Zeichen der Energieunterbrechung die Handflächen kräftig aneinander reiben.

Bei der Behandlung betrachten Sie sich bitte immer nur als Energiekanal. Eigene Wünsche oder Vorstellungen stören den freien Energiefluß, weil Sie damit Ihr Ego ins Spiel bringen. Machen Sie es sich zur Gewohnheit, sich nach jeder Fernbehandlung bei Ihrer inneren Führung beziehungsweise bei den geistigen Helfern zu bedanken. Die benutzten Steine sollten immer gereinigt werden.

Eine Fernbehandlung kann ungefähr fünf bis zehn Minuten oder einfach solange dauern, wie Sie die Visualisierung mühelos aufrechterhalten können. Es ist auch hilfreich, wenn Sie sich Notizen zu Ort, Zeitpunkt, Eindrücken und verwendeten Steinen machen.

Wollen Sie Energien auf vergangene oder zukünftige Situationen lenken, so stimmen Sie sich auf den entsprechenden Zeitpunkt ein und fahren dann wie bereits beschrieben fort.

Intuitive Behandlung mit mehreren Edelsteinen

Für diese fortgeschrittene Behandlungsform ist es hilfreich, eine etwas größere Auswahl von Edelsteinen und Kristallspitzen zur Verfügung zu haben.

Haben Sie bisher die Steine nach den jeweiligen Farben den Chakras zugeordnet, befreien Sie sich nach und nach von dieser Arbeitsmethode und arbeiten Sie immer intuitiver. Das heißt, Sie stimmen sich auf das jeweilige Energiezentrum ein und suchen dazu gefühlsmäßig einen, mehrere oder gegebenenfalls auch keinen Stein aus. Die gewählten Edelsteine legen Sie, auch wieder spontan, in symmetrischen (zum Beispiel rechts und links von der Körpermitte gleiche Steine), geometrischen (zum Beispiel in Kreuzform oder als Dreieck) oder anderen Formen und Symbolen auf das Chakra.

Zur leichteren Entscheidung und zum Einstieg dazu einige Hinweise:

1. Ihre innere Stimme zeigt Ihnen die Kristalle, welche für diesen Zeitpunkt und das entsprechende Chakra am besten geeignet sind.
2. *Legemuster*, die Sie auflegen, verstärken die Energien der verwendeten Steine und steigern so die Gesamtwirkung. Dazu einige Grundregeln:
   a) *Kristallspitzen* legen Sie
      – zur Energiezuführung mit der Spitze zum Chakra,
      – bei Blockaden und bei gestauter Energie mit der Spitze vom Energiezentrum wegzeigend.
   b) *Doppelspitzen* und *Herkimer-Diamanten* zeigen immer in zwei Richtungen. Daher können Sie sie sowohl zur Energiezuführung als auch zur Ableitung von Energie verwenden. Außerdem können sie auch zum Energieausgleich zwischen zwei Energiezentren gelegt werden.
   c) Auch *Stäbe*, wie Turmalin, Goldtopas oder Aquamarin, werden wie Doppelspitzen verwendet.

d) *Kugeln und Eier* eignen sich besonders, um sie zur Harmonisierung in die Hände zu legen.
e) Kleinere *Pyramiden* können Sie aufs dritte Auge oder in die Mitte eines Chakras legen.

Arbeiten Sie sich nach und nach in diese intuitive Methode ein, beginnend mit wenigen Steinen bis hin zu hochwirksamen Legemustern.

Behandlung unter Mitwirkung des Patienten

Wenn Sie die Steine und ihre Bedeutung und Wirkung schon gut kennen, können Sie auch folgendermaßen vorgehen:
- Für diese Behandlungsform brauchen Sie eine größere Auswahl von Edelsteinen in allen Farben.
- Der Patient sucht sich vor der Behandlung in Ruhe und ohne jede Beeinflussung die Edelsteine aus, die ihn besonders beeindrucken und legt sie auf ein größeres Tablett. Er wird immer die Steine auswählen, zu denen er eine Resonanz hat.
- An seiner Steinauswahl können Sie sehen, welche Themen für ihn besonders anstehen und später eventuell besprochen werden sollten.
- Legen Sie ihm dann die Steine intuitiv zur Behandlung auf, und gehen Sie wie im Abschnitt *Behandlung* (Seite 76 ff.) beschrieben vor.

Kristallkugeln

Klare, reine Bergkristallkugeln sind schon lange als Werkzeug zum Wahrsagen bekannt. Sie eignen sich aber auch zur Harmonisierung und Neutralisierung der Gedanken.

Mit folgender Übung können Sie eigene Erfahrungen mit Kristallkugeln sammeln:
- Stellen Sie möglichst ein laufendes Tonbandgerät neben sich, damit Sie Ihre Eindrücke aufzeichnen können.
- Legen Sie die gereinigte Kugel auf einen weichen, dunklen Untergrund, und beleuchten Sie sie mit einer Lichtquelle. Der Raum, in dem Sie üben, sollte ruhig und abgedunkelt sein.
- Setzen Sie sich bequem vor die Kugel.
- Ihr Geist wird nun ruhiger und ruhiger. Schauen Sie auf einen beliebigen Punkt auf oder in der Kugel. Dabei lassen Sie Ihren Blick unscharf und verschwommen werden.
- Ihr Bewußtsein sinkt in den Bergkristall, und Sie dehnen sich in dem Kristall aus.
- Bleiben Sie offen und ruhig. Kleiden Sie alle Hinweise, Informationen und Ideen, die auftauchen, in Worte und drücken Sie diese aus.
- Falls Sie anfangs noch keine Botschaften empfangen, genießen Sie die Ruhe und Harmonie, welche die Kugel ausstrahlt.
- Wenn Sie die Übung beenden wollen, fokussieren Sie Ihren Blick wieder und atmen tief ein und aus. Spüren Sie die Fläche, auf der Sie sitzen, und recken und strecken Sie sich.
- Reinigen Sie den Kristall, und hüllen Sie ihn in ein weiches Tuch zur Aufbewahrung.

Orakel mit Edelsteinen

Eine schöne Möglichkeit, Steine zum Weissagen und zur Problemlösung zu verwenden, ist das Edelsteintarot (siehe dazu mein Buch *Gesundheit und Kraft durch Edelsteine*, Hugendubel Verlag), wobei 22 beziehungsweise 78 verschiedene Steine ausgesucht und den Tarotsymbolen zugeordnet werden. Dieses Steineset bewahrt man in einem Beutel auf und zieht dann aus dem Beutel die Steine, die man zur Deutung der gestellten Frage braucht.

Ein weiteres einfaches Orakel möchte ich hier vorstellen. Dazu werden zehn Edelsteine in verschiedenen Farben benötigt:

Steinfarbe	Beispiele	Bedeutung
Schwarz	Obsidian, Onyx, Rauchquarz	Stabilität, Kraft, Offenheit
Rot	Granat, Rubin, Silex	Lebenskraft, Aktivität, Wärme
Orange	Feueropal, Karneol, Sonnenstein	Energie, Genuß, Belebung
Gelb	Goldtopas, Tigerauge, Zitrin	Freude, Gefühle, Kontakte
Rosa	Rhodochrosit, Rhodonit, Rosenquarz	Liebe, Schönheit, Zärtlichkeit
Grün	Aventurin, Jade, Smaragd	Harmonie, Heilung, Natur
Hellblau	Aquamarin, Chalzedon, Türkis	Mitteilung, Freiheit, Weite
Indigo	Azurit, Lapislazuli, Safir	Erkenntnis, Geisteskraft, Ruhe
Violett	Amethyst, Charoit, Sugilit	Einheit, Wachstum, Wandel
Weiß	Bergkristall, Dolomit, Howlith	Reinheit, Klarheit, Ideal

Diese zehn Steine sollten ungefähr die gleiche Form und Größe haben. Geben Sie die Edelsteine in einen Beutel, und stellen Sie dann eine Frage, die Sie näher ergründen möchten. Atmen Sie tief ein und aus, und kommen Sie in Ihre Mitte. Nun ziehen Sie einen Stein aus dem Beutel.

Die Bedeutung des gezogenen Steins hilft Ihnen, Aufschluß über die gestellte Frage zu bekommen. Im Abschnitt *Chakras* (Seite 40 ff.) können Sie dazu noch mehr über die Farben und ihre Eigenschaften nachlesen.

Traumarbeit

Edelsteine wie Amethyst, Azurit, Charoit, Hämatit, Safir, Sugilit, Topas und Zitrin können Sie unters Kopfkissen legen, um besser und tiefer zu schlafen. Wenn Sie dagegen bewußter träumen und sich an die Träume auch erinnern möchten, sollten Sie Steine wie Aquamarin, Bergkristall, Herkimer-Diamant oder Rutilquarz einsetzen, denn bewußte Träume helfen zur persönlichen Entwicklung und bei der Lösung von Problemen.

Sie können dabei folgendermaßen vorgehen:

– Wählen Sie einen der genannten Edelsteine als Traumstein aus.
– Reinigen und programmieren Sie ihn, indem Sie visualisieren, daß Sie klare und aufschlußreiche Träume haben.
– Vor dem Einschlafen legen Sie Ihren Traumstein unters Kopfkissen.
– Legen Sie ein Traumtagebuch an, in das Sie jeden

Morgen sofort nach dem Aufwachen Ihre Träume und das Datum schreiben.
- Versuchen Sie, während Sie klar träumen, diese Träume zu verändern oder unfertige Träume zu Ende zu träumen. Wenn Sie zum Beispiel träumen, daß Sie von einem hohen Gebäude fallen und dabei aufwachen, träumen Sie weiter. Sie werden sehen, daß die Fortsetzung des Traums überraschend gute Ergebnisse bringt und daß Sie dadurch auch die Angst vor dem Unbekannten und Ungewissen verlieren – auch im täglichen Leben.
- Mit der Zeit werden Sie immer klarer und bewußter träumen und auch Ihre Träume besser steuern können.

Astrologie und Edelsteine

Astrologie ist heute wieder ein weit verbreiteter und gern genutzter Schlüssel zu Selbsterkenntnis und Lebenshilfe.

Jedem Tierkreiszeichen werden unter anderem bestimmte Symbole, Eigenschaften und Farben zugeordnet. Schon in alten Überlieferungen wurde den Sternzeichen Edelsteine zugeteilt. Da jedoch zum einen die Merkmale eines Steines nicht völlig mit den verschiedenen Eigenschaften eines Tierkreiszeichens übereinstimmen und zum anderen mehrere Steine zu einem Zeichen passen würden, ist die Zuordnung umstritten. Jede Kultur hatte ihre bevorzugten und bekannten Steine, die dann mit den Sternzeichen in Verbindung gebracht wurden. Auch in der Literatur sind sehr viele und unterschiedliche Entsprechungen zu finden.

Außerdem ist zu bedenken, daß kein Mensch dem anderen gleicht. Selbst zwei Menschen des gleichen Sternbildes weisen doch sehr unterschiedliche Charaktereigenschaften auf. Wenn man also eine gewissenhafte Zuordnung machen wollte, dürfte man nicht nur das Sonnenzeichen, unter dem man geboren ist, berücksichtigen, sondern müßte auch die einzelnen Aspekte, die Häuserpositionen und alle Planeten in den verschiedenen Tierkreiszeichen, die in jedem Horoskop zu finden sind, miteinbeziehen. Erst dann könnte man den oder die richtigen Steine für den Menschen und die augenblickliche Lebenssituation bestimmen, denn da wir uns ja immer weiterentwickeln und verändern, brauchen wir Edelsteine, die uns auf unserem Weg in der jeweiligen Entwicklungsphase helfen.

In den folgenden Aufstellungen gebe ich daher Anregungen für jedes Sternzeichen, welche typischen Eigenschaften besonders durch die entsprechenden Steine gefördert beziehungsweise harmonisiert werden können. Da jeder Mensch Charakterzüge aus verschiedenen Tierkreiszeichen in sich trägt, sollten Sie auch die Eigenschaften anderer Zeichen und deren Steine lesen und diese mit einbeziehen.

Widder

Symbol: ♈
Datum: 21. März – 20. April

Zugeordneter Planet: Mars
Symbol: ♂
Element: Feuer
Zeichen: kardinal
Zugeordnetes Metall: Eisen
Indianisches Horoskopzeichen und passender Edelstein: Roter Habicht / Feueropal
Motto: Ich bin. / Selbstdurchsetzung

Typische Eigenschaften: Tatkraft, Wille, Tapferkeit, Ehrgeiz, Zielstrebigkeit, Selbstsicherheit, Offenheit, Kreativität, Geradlinigkeit.

Edelsteine, die helfen, die Eigenschaften zu fördern: *Tatkraft, Ehrgeiz, Zielstrebigkeit:* Rubin und Granat regen die Lebensgeister an und bringen gleichzeitig Licht und Liebe ins Herz des Widders. Dadurch kann er seine ehrgeizigen Pläne rücksichtsvoller angehen. Das leuchtende Orange des Feueropals stärkt die Antriebskraft und hilft so, Ziele mit mehr Elan und Freude zu verwirklichen. *Selbstsicherheit, Wille:* Jaspis, Rhodonit, Hämatit, Diamant und schwarzer Turmalin stärken die Widerstandskraft, verstärken die Charaktereigenschaften und geben den Mut, selbstsicher und standhaft zu sein. *Offenheit:* Chalzedon, Rhodochrosit und blauer Turmalin öffnen das Halschakra und helfen dabei, die Gefühle auszudrücken.

Typische Schwachstellen: Aggression, Rücksichtslosigkeit, Angriffslust, Zorn, Unvorsichtigkeit, Ungeduld, Starrköpfigkeit.

Edelsteine, die helfen, die Schwächen zu transformieren: *Aggression, Zorn:* Karneol, Rosenquarz und Chrysokoll zeigen dem Widder den Weg aus Aggressionen und zornigen Launen, und er findet zu mehr Freude. *Ungeduld, Unvorsichtigkeit:* Aventurin und Chalzedon vermitteln Ruhe, Geduld und Gelassenheit. Mit diesen Eigenschaften kann der Widder die Lebensaufgaben achtsamer verfolgen. *Angriffslust, Rücksichtslosigkeit:* Aquamarin, Chrysokoll und Heliotrop helfen dem allzu stürmischen Widder, durch Mitgefühl und Güte seine Aktionen liebevoller und friedlicher zu gestalten.

Angstpunkt: Seine größte Angst erlebt der Widder, wenn er der Möglichkeit beraubt wird, seinen Willen durchzusetzen, oder wenn er untätig bleiben muß.

Lernaufgabe (Weg aus dem Angstpunkt): Der Amethyst mit seinen ausgleichenden spirituellen Energien vermittelt dem Widder mehr Vertrauen zu seiner inneren Führung und dadurch zu einem rücksichtsvolleren Umgang mit seinen Mitmenschen.

Stier

Symbol: ♉
Datum: 21. April – 20. Mai

Zugeordneter Planet: Venus
Symbol: ♀
Element: Erde
Zeichen: fest
Zugeordnetes Metall: Kupfer
Indianisches Horoskopzeichen und passender Edelstein: Biber/Chrysokoll
Motto/Ausdruck: Ich habe./Selbstsicherung

Typische Eigenschaften: Beharrlichkeit, Entschlossenheit, Zuverlässigkeit, Geduld, praktisches Denken und Handeln, Warmherzigkeit, Geselligkeit, Schönheitssinn, Friedfertigkeit.

Edelsteine, die helfen, die Eigenschaften zu fördern: *Entschlossenheit, Zuverlässigkeit, praktisches Denken und Handeln*: Achat und Turmalin (dunkel) unterstützten den Stier dabei, seine Pläne mit Lebensfreude, Beharrlichkeit und Klugheit durchzuführen. *Geduld, Schönheitssinn:* Aventurin, Smaragd und Malachit helfen dem Stier, Verständnis und Geduld für sich und seine Mitmenschen zu entwickeln. Die leuchtend grünen Farben dieser Edelsteine öffnen sein Herz für Schönheit und Harmonie. *Warmherzigkeit, Geselligkeit, Sicherheit:* Rosenquarz heilt die Wunden des Herzens und läßt Warmherzigkeit und verzeihende Gefühle entstehen. Zitrin vermittelt die Sicherheit und das Vertrauen, auch verborgene Gefühle zuzulassen und offenherziger mit den Mitmenschen umzugehen.

Typische Schwachstellen: Besitzstreben, Schwerfälligkeit, Genußsucht, Abhängigkeit, Sturheit, Egoismus.

Edelsteine, die helfen, die Schwächen zu transformieren: *Sturheit, Schwerfälligkeit:* Fluorit und Pyrit helfen dem Stier, sich aus festgefahrenen Situationen und Gedanken zu lösen. *Geiz, Besitzstreben, Genußsucht:* Moosachat, Malachit, Dioptas und Chrysokoll zeigen ihm den Reichtum und die Fülle der Natur, so daß er sich von kleinlichen Gedanken lösen und für Gelassenheit, Freizügigkeit, Güte und Frieden öffnen kann.

Angstpunkt: Der genießerische und nach Besitz strebende Stier fürchtet am meisten den Verlust von gefühlsmäßiger und materieller Sicherheit.

Lernaufgabe (Weg aus dem Angstpunkt): Smaragd schenkt dem Stier Vertrauen in das natürliche Wachstum und in die Fülle des Lebens. Dieser leuchtend grüne Edelstein hilft ihm, sich dem Lebensfluß anzuvertrauen. Die Einsicht, daß Geben und Nehmen sich ergänzen, bereitet den Weg für spirituelles Wachstum.

Zwilling

Symbol: ♊
Datum: 21. Mai – 21. Juni

Zugeordneter Planet: Merkur
Symbol: ☿
Element: Luft
Zeichen: beweglich
Zugeordnetes Metall: Quecksilber
Indianisches Horoskopzeichen und passender Edelstein: Hirsch / Moosachat
Motto/Ausdruck: Ich denke. / Selbstdarstellung

Typische Eigenschaften: Kontaktfreudigkeit, Beweglichkeit, Intelligenz, Neugier, Offenheit, Geschicklichkeit, Leichtigkeit, Beschwingtheit.

Edelsteine, die helfen, die Eigenschaften zu fördern: *Kontaktfreudigkeit, Beweglichkeit, Geschicklichkeit:* Tigerauge, Goldtopas und Chrysoberyll bringen die Gefühle in Schwung und senden Freude und Licht in die Gedanken. Sie helfen dadurch, voll Offenheit und Vertrauen mit den Menschen umzugehen. Tigerauge und Topas fördern außerdem Toleranz und Anpassungsfähigkeit.
Intelligenz: Tigerauge stärkt die Konzentrationsfähigkeit, und Chrysopras unterstützt Geistesgegenwart und Klarheit. Der reine Bergkristall ebnet den Weg zu Erkenntnis und lichtvollen Gedanken. Mit einem Aquamarinanhänger können diese Gedanken leichter in angemessener Form ausgedrückt werden. *Offenheit:* Chalzedon, der Rednerstein, unterstützt den Zwilling beim Ausdruck seiner Gedanken und schenkt ihm mehr Selbstvertrauen und Gelassenheit.

Typische Schwachstellen: Unruhe, Zweifel, Verschlagenheit, Zersplitterung, Kritik, List.

Edelsteine, die helfen, die Schwächen zu transformieren: *Unruhe, Zersplitterung:* Aquamarin und Chalzedon schenken dem unruhigen Zwilling mehr Ruhe und Gelassenheit und öffnen ihm den Weg zu seiner inneren Führung. Achat und Karneol helfen, die zerstreuten Gedanken zu sammeln und klarer zu werden. Diese Edelsteine verbinden den Zwilling mit der Erde und geben ihm eine stabilere Basis, um die täglichen Pflichten mit mehr Freude anzugehen. *Kritik, Zweifel:* Grüner Turmalin und Moosachat regen die Kreativität an und helfen so, neue Wege zu finden und sich von alten überholten Denkmustern zu lösen. Die Klarheit des Bergkristalls leuchtet den Weg aus Zweifel und Kritik zu mehr Erkenntnis. *List, Verschlagenheit:* Perle und Rhodochrosit öffnen Herz und Geist und führen zu mehr Ehrlichkeit mit sich selbst.

Angstpunkt: Der luftige Zwilling mag keine Abhängigkeiten, die ihn in seiner Beweglichkeit einschränken.

Lernaufgabe (Weg aus dem Angstpunkt): Die leuchtende Kraft des Bergkristalls läßt den Zwilling seine Zugehörigkeit zur gesamten Menschheitsfamilie erkennen. Dadurch findet er zur inneren Freiheit.

Krebs

Symbol: ♋
Datum: 22. Juni – 22. Juli

Zugeordneter Planet: Mond
Symbol: ☽
Element: Wasser
Zeichen: kardinal
Zugeordnetes Metall: Silber
Indianisches Horoskopzeichen und passender Edelstein: Specht/Karneol
Motto/Ausdruck: Ich fühle./Selbsthingabe

Typische Eigenschaften: Mütterlichkeit, Feinfühligkeit, Häuslichkeit, Treue, Hingabe, Phantasie, Mitgefühl, Anpassungsfähigkeit, Instinkt.
Edelsteine, die helfen, die Eigenschaften zu fördern: *Feinfühligkeit, Häuslichkeit, Mütterlichkeit, Mitgefühl:* Rhodochrosit, Rosenquarz und Smaragd unterstützen die sanften und liebevollen Gefühle des Krebses. Chalzedon hilft ihm dabei, sie auszudrücken. *Phantasie, Anpassungsfähigkeit:* Die schillernden Farben des Opals, das sanfte Leuchten des Mondsteins regen Phantasie und Kreativität an. Das sanfte Grün des Aventurin führt den überempfindlichen Krebs zu mehr Beharrlichkeit, Ruhe und Anpassungsfähigkeit. *Treue, Hingabe und Demut:* Sodalith und Saphir mit ihrem dunklen Blau vermitteln Glauben und Vertrauen in die göttliche Führung. So lernen wir, voll Demut und Hingabe unsere Lebensaufgabe zu bewältigen.
Typische Schwachstellen: Launenhaftigkeit, Passivität, Überempfindlichkeit, Verschlossenheit, Unselbständigkeit, Selbstmitleid.

Edelsteine, die helfen, die Schwächen zu transformieren: *Passivität, Unselbständigkeit, Verschlossenheit:* Karneol und Rhodonit verhelfen dem passiven und verträumten Krebs zu mehr Bewußtheit und Antriebskraft. Rhodochrosit und Chalzedon unterstützen ihn dabei, sein Herz vertrauensvoll mehr und mehr zu öffnen. *Launenhaftigkeit, Selbstmitleid:* Olivin, Aventurin, rosa Turmalin (Rubellit) und Jade führen den Krebs zu mehr Selbstsicherheit, Lebensfreude und Liebe. Dadurch kann er gelassener und liebevoller mit seinen Gefühlsschwankungen umgehen.

Angstpunkt: Die schwankende Gefühlswelt des Krebses löst oft Unsicherheit und Angst vor Zurückweisung aus.

Lernaufgabe (Weg aus dem Angstpunkt): Durch Vertrauen in seine mächtigen weiblichen, intuitiven und träumerischen Seiten findet der Krebs zu seiner wahren Stärke. Dabei kann ihn der Mondstein unterstützen.

Löwe

Symbol: ♌
Datum: 23. Juli – 23. August

Zugeordneter Planet: Sonne
Symbol: ☉
Element: Feuer
Zeichen: fest
Zugeordnetes Metall: Gold
Indianisches Horoskopzeichen und passender Edelstein: Stör/Granat
Motto/Ausdruck: Ich will./Selbstgefühl

Typische Eigenschaften: Ausstrahlungskraft, Autorität, Selbstbewußtsein, Vitalität, Großzügigkeit, Organisationstalent, Schöpferkraft, Optimismus.
Edelsteine, die helfen, die Eigenschaften zu fördern: *Autorität, Ausstrahlungskraft, Selbstbewußtsein*: Diamant, Zirkon, Bergkristall und Rutilquarz verstärken die Ausstrahlung und das Charisma des bewußten Löwen. Sie schenken ihm dazu die Klarheit, mit seiner Macht verantwortungsbewußt umzugehen und sie zum Wohle der Menschheit einzusetzen. *Organisationstalent, Schöpferkraft, Vitalität:* Die goldenen Strahlen von Sonnenstein, Goldtopas und Bernstein bringen schöpferische und sonnige Energie in Herz und Seele des Löwen. *Großzügigkeit, Optimismus, Herzenswärme:* Das Tigerauge stärkt unser geistiges Auge und lehrt uns so, verschiedene Standpunkte großzügig zu tolerieren. Gold, Granat und Rubin schenken uns Optimismus, Lebenskraft und Herzenswärme.

Typische Schwachstellen: Überheblichkeit, Herrschsucht, Machtanspruch, Verschwendung, Selbstüberschätzung, Triebhaftigkeit.

Edelsteine, die helfen, die Schwächen zu transformieren: *Überheblichkeit, Herrschsucht, Machtanspruch:* Bergkristall erleuchtet den Weg des Löwen hin zu Selbstbewußtsein und Schöpferkraft. Zitrin und Rutilquarz wärmen sein Herz und wecken Mitgefühl und Großherzigkeit. *Verschwendung, Triebhaftigkeit:* Sardonyx hält den verschwenderischen Löwen auf dem Boden der Tatsachen. Heliotrop, Rubellit und Wassermelonenturmalin verbinden die Sexualität mit der Liebe des Herzens.

Angstpunkt: Niederlagen, Armut und Machtlosigkeit verletzen die Würde und das Selbstbewußtsein des Löwen und lösen Minderwertigkeitsgefühle in ihm aus. Er versucht, diese durch Prahlerei und übertriebenen Egoismus zu kompensieren.

Lernaufgabe (Weg aus dem Angstpunkt): Begleiten Zitrin oder Tigerauge den Löwen, so findet er leichter zu seiner inneren Kraft und schöpferischen Fülle. Dadurch erkennt er den Weg zu geistigem Wachstum und natürlicher Selbstsicherheit.

Jungfrau

Symbol: ♍
Datum: 24. August – 23. September

Zugeordneter Planet: Merkur
Symbol: ☿
Element: Erde
Zeichen: beweglich
Zugeordnetes Metall: Messing
Indianisches Horoskopzeichen und passender Edelstein: Braunbär / Amethyst
Motto/Ausdruck: Ich analysiere. / Selbststeuerung

Typische Eigenschaften: Ordnungsliebe, Unterscheidungsvermögen, Pflichterfüllung, Hilfsbereitschaft, Vernunft, Fleiß, Anpassungsfähigkeit.

Edelsteine, die helfen, die Eigenschaften zu fördern: *Ordnungsliebe, Pflichterfüllung, Fleiß:* Karneol und Jaspis helfen der fleißigen Jungfrau, ihre täglichen Aufgaben mit Freude und Vitalität zu bewältigen. Jaspis fördert die Erdverbundenheit und hilft, den Ordnungssinn mit Pflichtgefühl und Liebe zu verbinden. *Vernunft, Unterscheidungsvermögen:* Amethyst führt die Jungfrau von der verstandesbetonten Vernunft zu spirituellem Wachstum. Tigerauge und Sodalith regen das Urteilsvermögen, die geistige Entwicklung und das Selbstvertrauen an. *Anpassungsfähigkeit, Hilfsbereitschaft:* Rutilquarz und grüner Turmalin erleichtern den harmonischen Umgang mit der Umwelt. Heliotrop und Chrysokoll wecken Eigenschaften wie Mitgefühl, Hilfsbereitschaft und Güte.

Typische Schwachstellen: Perfektionismus, Gefühlskälte, Berechnung, Launenhaftigkeit, Zweifel, Verschlagenheit, Egoismus, Nörgelsucht.

Edelsteine, die helfen, die Schwächen zu transformieren: *Perfektionismus, Gefühlskälte, Berechnung:* Fluorit und Hämatit lösen und aktivieren erstarrte Gefühle und festgefahrene Denkmuster, so daß neue Energie aufgenommen werden kann. Zitrin, Tigerauge und Topas beleben die Gefühlswelt mit Schwung und Freude. *Launenhaftigkeit, Zweifel, Nörgelsucht:* Saphir und blauer Topas verstärken das Vertrauen in die göttliche Führung und helfen, Zweifel und Launen zu überwinden.

Angstpunkt: Aus Angst vor dem Chaos versucht die Jungfrau, ihre Gefühle unter Kontrolle zu halten und durch harte Arbeit ihr Leben perfekt zu organisieren. Dadurch bleibt sie oft in kleinlichem Denken stecken.

Lernaufgabe (Weg aus dem Angstpunkt): Azurit und Saphir helfen der Jungfrau, zu erkennen, daß auch im Chaos die kosmische Ordnung enthalten ist. Dadurch lernt sie, daß Veränderungen zur geistigen und spirituellen Entwicklung gehören.

Waage

Symbol: ♎
Datum: 24. September – 23. Oktober

Zugeordneter Planet: Venus
Symbol: ♀
Element: Luft
Zeichen: Kardinal
Zugeordnetes Metall: Kupfer
Indianisches Horoskopzeichen und passender Edelstein: Rabe/Jaspis
Motto/Ausdruck: Ich gleiche aus./Selbstbetrachtung

Typische Eigenschaften: Harmonie, Schönheitssinn, Idealismus, Kameradschaft, Friedfertigkeit, Charme, Diplomatie, Gerechtigkeitssinn.
Edelsteine, die helfen, die Eigenschaften zu fördern: *Harmonie, Schönheitssinn, Charme:* Rutilquarz vereint den klaren Bergkristall mit den leuchtend gelben Rutilnadeln, er zeigt uns, wie sich Gegensätze zu einem harmonischem Ganzen zusammenfügen lassen. Die Waage kann mit diesem Edelstein ihr ästhetisches Empfinden und ihr Harmoniebedürfnis unterstützen. Auch Jade und Türkis wecken den Schönheitssinn und harmonisieren die Gefühle. Rosa Chalzedon fördert die Ausdruckskraft auf eine besonders liebevolle und charmante Art. *Kameradschaft, Friedfertigkeit, Diplomatie:* Mit Rosenquarz, Beryll und Smaragd holt sich die diplomatische Waage kameradschaftliche, friedliche und liebevolle Gedanken ins Bewußtsein. *Idealismus, Gerechtigkeitssinn:* Lapislazuli und Saphir geben uns Einsicht in tiefere

Wahrheiten und führen uns so zu einer neuen Sichtweise. Wir erkennen, daß alles, was uns widerfährt, von unseren Ansichten und Entscheidungen bestimmt wird. Die sanften Kräfte von Rosenquarz und rosa Turmalin helfen uns, Kritik und Verurteilung durch Vergebung und Liebe zu ersetzen. Dadurch führen sie uns zu innerem Frieden.

Typische Schwachstellen: Abhängigkeit, Entschlußlosigkeit, Bequemlichkeit, Eitelkeit, Beeinflußbarkeit, Oberflächlichkeit.

Edelsteine, die helfen, die Schwächen zu transformieren: *Entschlußlosigkeit, Bequemlichkeit, Beeinflußbarkeit, Oberflächlichkeit:* Jaspis, Karneol und Koralle aktivieren die Gefühle und das Bewußtsein der Waage, so daß sie mit neuer Kraft und Freude die Herausforderungen des Lebens annehmen kann. Aquamarin und blauer Topas regen ihren Geist an und führen sie aus alten Denkmustern heraus zu neuen Einsichten und Entscheidungen. Blauer Saphir und Sodalith stärken die Entscheidungskraft und Einsicht. *Abhängigkeit, Eitelkeit:* Fluorit löst eingefahrene Denkweisen und Abhängigkeiten. Topas und Koralle stärken das Vertrauen in die eigene Kraft und helfen dadurch, mehr Selbstbewußtsein zu entwickeln. Smaragd, Türkis und Aquamarin bringen die Schönheit der Seele ins Bewußtsein, so daß die harmonischen und liebevollen Wesenszüge nach außen strahlen und auch schwierige Erfahrungen zur Reifung der Persönlichkeit integriert werden können.

Angstpunkt: Erfahrungen, die zu Unausgeglichenheit und Streit führen, geht die Waage möglichst aus dem Weg. Sie möchte auch die Schattenseiten der eigenen Seele nicht allzu genau betrachten.

Lernaufgabe (Weg aus dem Angstpunkt): Wenn die Waage lernt, sich in fruchtbringender und konstruktiver Weise mit den Menschen und mit auftauchenden Problemen auseinanderzusetzen, wird sie zu ihrer wahren inneren Schönheit und Harmonie finden und diese dann auch ausstrahlen. Saphir und Aquamarin unterstützen sie dabei mit Klarheit, Selbsterkenntnis und Einsicht.

Skorpion

Symbol: ♏
Datum: 24. Oktober – 22. November

Zugeordneter Planet: Pluto
Symbol: ♇
Element: Erde
Zeichen: fest
Zugeordnetes Metall: Eisen
Indianisches Horoskopzeichen und passender Edelstein: Schlange/Malachit
Motto/Ausdruck: Ich begehre./Selbstüberwindung

Typische Eigenschaften: Idealismus, Wandlungsfähigkeit, Willensstärke, Verschwiegenheit, magische Ausstrahlung, Perfektionismus, Zielstrebigkeit.

Edelsteine, die helfen, die Eigenschaften zu fördern: *Wandlungsfähigkeit, Willensstärke, Zielstrebigkeit:* Schwarzer Turmalin, Obsidian, Jaspis, Onyx und Rauchquarz stärken die Antriebskraft, die zur Verwirklichung der Ziele notwendig ist. Sie führen den Skorpion aber auch in die dunklen Bereiche seines Wesens und helfen ihm dabei, mehr Licht dorthin zu bringen. Dadurch kann er seine ungeliebten Eigenschaften leichter erkennen und umwandeln. Der Amethyst als Stein der Transformation führt zu Erkenntnis und Menschenliebe. *Verschwiegenheit, Idealismus:* Jaspis und Achat mit ihren erdenden Energien rufen dem Skorpion seine Pflichten und Aufgaben ins Bewußtsein und helfen ihm, seine Worte klug zu wählen. Heliotrop, Amethyst und rosa Turmalin wecken Sanftmut, Mitgefühl, Demut, Idealismus und Menschenliebe. *Magische Ausstrahlung:* Magnetit und Hämatit stärken den Mut und die magnetische Ausstrahlung des Skorpions, so daß er seine hohen Ideale besser verwirklichen kann.

Typische Schwachstellen: Leidenschaft, Selbstzerstörungssucht, Gewalttätigkeit, Fanatismus, Hörigkeit, Triebhaftigkeit, Sadismus.

Edelsteine, die helfen, die Schwächen zu transformieren: *Leidenschaft, Fanatismus, Triebhaftigkeit:* Blutjaspis und Zoisit mit Rubin verbinden die sexuellen Energien mit der Liebe des Herzens und helfen dem leidenschaftlichen Skorpion, sein Verlangen in Liebe umzuwandeln. Malachit führt ihn zu Harmonie, Toleranz und Freude. Mit dem Aquamarin findet er zu mehr Gelassenheit und Ruhe. *Selbstzerstörungssucht, Gewalttätigkeit:* Rosa Turmalin, Rhodochrosit und Rubin wecken die Liebe zu uns selbst, zu den Mitmenschen und zur Umwelt. Mit diesen Edelsteinen findet der Skorpion zu mehr Sanftmut und Verständnis.

Angstpunkt: Aus Angst vor den schwachen und unbekannten Seiten seines Charakters scheut der Skorpion den Weg in neue Bereiche seines Lebens und in tiefe, hingebungsvolle Beziehungen.

Lernaufgabe (Weg aus dem Angstpunkt): Mit Rubin oder Silex (roter Jaspis) als Unterstützung lernt der Skorpion leichter, seine Schwächen zuzulassen und auch manchmal zu zeigen. Dadurch wird er zu seiner wahren Stärke und Spiritualität finden.

Schütze

Symbol: ♐
Datum: 23. November – 21. Dezember

Zugeordneter Planet: Jupiter
Symbol: ♃
Element: Feuer
Zeichen: beweglich
Zugeordnetes Metall: Zinn
Indianisches Horoskopzeichen und passender Edelstein: Wapiti / Obsidian
Motto/Ausdruck: Ich gebrauche. / Selbsteinsicht

Typische Eigenschaften: Optimismus, Wahrheitsliebe, Ehrgeiz, Großmut, Freiheitsliebe, Toleranz, Gerechtigkeit, Begeisterungsfähigkeit, Kreativität, Intuition.
Edelsteine, die helfen, die Eigenschaften zu fördern: *Optimismus, Großmut, Begeisterungsfähigkeit:* Topas und Opal bringen Liebe und Freude in das Bewußtsein des Schützen, so daß er voll Begeisterung und Großmut seine Ziele angehen kann. *Kreativität, Intuition:* Chrysokoll, Türkis und Aventurin wecken seine kreativen und intuitiven Fähigkeiten, so daß er sie, verbunden mit seinen geistigen Einsichten, zu seiner Höherentwicklung nutzen kann. *Toleranz, Gerechtigkeit, Wahrheitsliebe:* Amethyst, Saphir, Sodalith und Lapislazuli fördern Erkenntnis, Inspiration und damit die geistige Entwicklung des Schützen. So erkennt er leichter Aufgabe und Sinn seines Lebens.
Typische Schwachstellen: Übertreibung, Taktlosigkeit, Leichtsinn, Selbstüberschätzung, Verschwendungssucht, Rechthaberei.

Edelsteine, die helfen, die Schwächen zu transformieren: *Taktlosigkeit, Rechthaberei:* Chalzedon und Amazonit vermitteln Ruhe, Klarheit und Gelassenheit. Mit ihrer Unterstützung lernt der allzu impulsive Schütze, seine Botschaften auf sanftere Art und Weise zu übermitteln. *Übertreibung, Leichtsinn, Selbstüberschätzung:* Obsidian, Saphir, Lapislazuli und Sodalith helfen dem Schützen, auf dem Boden der Tatsachen zu bleiben und führen ihn zu Erkenntnis und Weisheit.

Angstpunkt: Der freiheitsliebende Schütze legt sich nicht gerne fest und läßt sich gerne für alle Gelegenheiten eine Türe offen.

Lernaufgabe (Weg aus dem Angstpunkt): Amethyst und Sugilit helfen dem Schützen, ernsthafter an die Dinge heranzugehen und diese auch zu Ende zu führen. Dadurch gelangt er zu mehr Weisheit und Erkenntnis und dem Wunsch, diese zum Wohle der Menschheit einzusetzen.

Steinbock

Symbol: ♑
Datum: 22. Dezember – 20. Januar

Zugeordneter Planet: Saturn
Symbol: ♄
Element: Erde
Zeichen: kardinal
Zugeordnetes Metall: Blei
Indianisches Horoskopzeichen und passender Edelstein: Schneegans / Bergkristall
Motto/Ausdruck: Ich gebrauche. / Selbstbegrenzung

Typische Eigenschaften: Ehrgeiz, Ausdauer, Gewissenhaftigkeit, Ordnung, Verzicht, Klarheit, Ernst, Konzentration, Pflichtgefühl, Einfachheit.
Edelsteine, die helfen, die Eigenschaften zu fördern: *Konzentration, Klarheit:* Saphir steigert die Konzentrationfähigkeit, Bergkristall und Chrysopras schenken die nötige Klarheit, um seine Aufgaben zu erkennen. *Ausdauer, Gewissenhaftigkeit, Ordnung:* Rauchquarz, Obsidian und schwarzer Turmalin fördern Realitätssinn, Ordnungsliebe und Gewissenhaftigkeit. Sie helfen dem Steinbock, die Verantwortung für sein Leben zu übernehmen und mit Ausdauer an der Verwirklichung seiner Ziele zu arbeiten. *Einfachheit, Ernsthaftigkeit:* Onyx führt den Steinbock zu innerer Stärke und Ernsthaftigkeit. Der Kunzit mit seiner geradlinigen Struktur lehrt ihn, daß man auch mit einfachen Mitteln seine Ziele verwirklichen kann.
Typische Schwachstellen: Härte, Einsamkeit, Zurückgezogenheit, Freudlosigkeit, Kontaktarmut.

Edelsteine, die helfen, die Schwächen zu transformieren: *Einsamkeit, Kontaktarmut:* Die liebevollen Strahlen von Rutilquarz und Rhodochrosit öffnen das Herz des Steinbocks und zeigen ihm den Weg zur Verbundenheit mit dem Kosmos. *Härte, Freudlosigkeit:* Rosenquarz und Rubellit (rosa Turmalin) lassen Freude und Liebe in verhärtete Strukturen und Gedanken fließen. Mondstein bringt Anregung und Phantasie in karge und freudlose Gedanken.

Angstpunkt: Der Steinbock neigt zu übertriebenem Ehrgeiz, um sich damit materielle Sicherheit und Anerkennung zu schaffen.

Lernaufgabe (Weg aus dem Angstpunkt): Türkis und Bergkristall helfen dem Steinbock, in den Fluß des Lebens einzutauchen und so zu mehr Klarheit und Einsicht zu finden. Er lernt, sich auf das Wesentliche zu konzentrieren und erkennt, daß mehr weniger ist und weniger mehr.

Wassermann

Symbol: ♒
Datum: 21. Januar – 19. Februar

Zugeordneter Planet: Uranus
Symbol: ⛢
Element: Luft
Zeichen: Fest
Zugeordnetes Metall: Blei
Indianisches Horoskopzeichen und passender Edelstein: Otter / Azurit
Motto/Ausdruck: Ich weiß. / Selbsterhöhung

Typische Eigenschaften: Einfallsreichtum, Solidarität, Unabhängigkeit, Spontaneität, Reformstreben, Abenteuerlust, Genialität.

Edelsteine, die helfen, die Eigenschaften zu fördern: *Einfallsreichtum, Spontaneität, Abenteuerlust, Genialität:* Chrysokoll, Türkis und Opal regen die Kreativität, den Ideenreichtum und die Spontaneität an. So findet der spritzige Wassermann harmonische Lösungen für seine Probleme und die seiner Mitmenschen. *Reformstreben, Unabhängigkeit:* Pyrit und Fluorit lösen alte Strukturen und unterstützen dadurch den Wassermann in seinem Reformstreben. Aquamarin, Topas und Saphir erhalten ihm die geistige Unabhängigkeit, denn sie lenken seine Aufmerksamkeit zu seinem inneren Wissen und lassen ihn so leichter zu Entscheidungen finden. Charoit und Sugilit helfen, die gewonnenen Erkenntnisse auch ins tägliche Leben zu integrieren. *Solidarität:* Rosenquarz fördert den freundschaftlichen Umgang mit den Menschen, außerdem schenkt er Sanftmut und Liebe.

Typische Schwachstellen: Gefühlskälte, Unruhe, Lebensferne, Angst, überspanntes Verhalten, Panik, Nervosität.

Edelsteine, die helfen, die Schwächen zu transformieren: *Gefühlskälte, Lebensferne:* Bernstein, Karneol und Mondstein steigern das Einfühlungsvermögen und die schöpferischen Fähigkeiten. Der Opal mit seiner Farbenpracht erweckt das Interesse des Wassermanns an den vielfältigen Möglichkeiten des Lebens. *Unruhe, Angst, überspanntes Verhalten:* Azurit, Aquamarin, Aventurin und Saphir schenken Ruhe, Frieden und Gelassenheit. Sie bringen dem Wassermann nicht nur seine Alltagspflichten, sondern auch seine Lebensaufgabe ins Bewußtsein.

Angstpunkt: Verpflichtungen, Abhängigkeiten und Unfreiheit machen dem Wassermann angst.

Lernaufgabe (Weg aus dem Angstpunkt): Indem der Wassermann erkennt, daß alle Abhängigkeiten in der eigenen geistigen Unfreiheit begründet sind, hilft ihm der Onyx unterstützend, die eigenen Schwächen anzuschauen und in Stärken umzuwandeln.

Fische

Symbol: ♓
Datum: 20. Februar – 20. März

Zugeordneter Planet: Neptun / Jupiter
Symbol: ♃
Element: Wasser
Zeichen: Beweglich
Zugeordnetes Metall: Aluminium
Indianisches Horoskopzeichen und passender Edelstein: Puma / Türkis
Motto/Ausdruck: Ich glaube. / Selbstauflösung

- **Typische Eigenschaften:** Mitgefühl, Phantasie, Intuition, Einfühlungsvermögen, Inspiration, Selbstlosigkeit, Hellsichtigkeit.
- **Edelsteine, die helfen, die Eigenschaften zu fördern:** *Mitgefühl, Intuition, Einfühlungsvermögen:* Heliotrop, Mondstein und Jade unterstützen Mitgefühl und Einfühlungsvermögen. Die schimmernden Farben von Opal und Labradorit regen Vorstellungskraft und Intuition an. *Phantasie, Inspiration:* Opal, Mondstein und Türkis erwecken die Phantasie und den Sinn für Schönheit und Harmonie. Lapislazuli, Saphir und Aquamarin regen die Vorstellungskraft und die geistige Entwicklung an. Sie bringen Klarheit und Erkenntnis, vertiefen die Verbindung mit dem höheren Selbst. *Selbstlosigkeit:* Der Amethyst fördert Demut und Hingabe. Er unterstützt beim selbstlosen Dienst am Menschen und schenkt Harmonie.
- **Typische Schwachstellen:** Unklarheit, Beeinflußbarkeit, Unordnung, Täuschung, Sucht, Enttäuschung, Verwirrung, Labilität.

Edelsteine, die helfen, die Schwächen zu transformieren: *Unklarheit, Unordnung:* Aquamarin, Crysopras und Bergkristall verhelfen dem Fisch zu mehr Klarheit und Ruhe. Koralle und Kunzit mit ihrem strukturiertem Aufbau unterstützen den chaotischen Fisch dabei, sein Leben besser zu ordnen. *Beeinflußbarkeit, Täuschung, Sucht, Enttäuschung:* Achat, Chalzedon und Kunzit geben dem Fisch neuen Antrieb und mehr Festigkeit, damit er seine Ziele ansteuern und sich aus alten Begrenzungen lösen kann. Saphir vermittelt ihm geistige Klarheit, damit er sich von Wunschvorstellungen und unerfüllbaren Träumen leichter lösen kann.

Angstpunkt: Der Fisch scheut sich vor Auseinandersetzungen und Entscheidungen.

Lernaufgabe (Weg aus dem Angstpunkt): Indem er lernt, die Verantwortung für sein Leben und sein Schicksal zu übernehmen und mit Zuversicht in die Zukunft zu sehen, kann er die heilsame universale Liebe in sich erfahren. Dabei kann ihn besonders der Amethyst, der ja auch als Stein der Fische und des Fischezeitalters gilt, unterstützen. Er hilft ihm auch, seine Medialität zu entwickeln und in den Dienst der Menschheit zu stellen.

Pendeln

Ein Pendel ist ein Gewicht, das an einem Faden, einer Schnur oder einer Kette hängt, damit es schwingen kann ähnlich dem Pendel einer Standuhr. Pendel werden als Instrumente des Unterbewußtseins genutzt. Sie können damit Energien, Kraftfelder, Wasseradern oder Strahlungen auffinden und messen. Aber auch Fragen können durch das Pendel beantwortet werden. Das Pendelgewicht kann ein Ring, Knopf, Metallstück oder jeder andere Gegenstand sein, der schwer genug ist, um die Schnur zum Schwingen zu bringen.

Besonders schön und hilfreich ist ein Pendel aus Bergkristall, das Sie für diesen Zweck programmieren können. Gehen Sie dabei folgendermaßen vor:

Zunächst reinigen Sie das Bergkristallpendel unter fließendem Wasser. Dann stellen Sie sich ein geeignetes Bild vor, das Sie in den Kristall programmieren möchten. Zum Beispiel können sie visualisieren, wie Sie sich über die exakten Ergebnisse des Pendels freuen und sich für die Hilfe Ihres Unterbewußtseins oder ihres »inneren Kindes« bedanken. Dieses oder ein ähnliches Gedankenbild projizieren Sie in den Bergkristall.

Beim Kristallpendel sollte die Spitze nach unten zeigen; an der oberen Rundung kann eine Öse mit einer 10 bis 20 Zentimeter langen Schnur oder Kette angebracht sein. Zum besseren Halt können Sie am Ende der Schnur eine Kugel oder einen Ring anbringen, durch den Sie den Mittelfinger stecken, denn das Pendel kann sehr heftig schwingen, und mit dem Ring haben Sie es besser im Griff. Der Kristall kann sowohl eine abgerundete, glatte als auch eine facettierte Oberfläche haben.

Um das Pendel **einzustimmen**, das heißt eine gemeinsame Sprache mit ihm zu vereinbaren, gehen Sie wie folgt vor:

1. Halten Sie die Schnur etwa zehn bis fünfzehn Zentimeter oberhalb des Pendels und entspannen Sie sich. Sitzen Sie aufrecht, Beine und Arme nicht gekreuzt. Das Pendel sollte dabei über einer flachen Unterlage hängen.
2. Denken Sie nun »Ja« und beobachten Sie, in welche Richtung das Pendel ausschlägt – waagrecht oder senkrecht.
3. Damit ist auch die entgegengesetzte Richtung für »Nein« festgelegt.
4. Schreiben Sie das Ergebnis auf. Die Antwort »Ja« oder »Nein« des Pendels ist nun programmiert und sollte auch immer so interpretiert werden.
5. Nun können Sie noch eine Richtung für Energie, Harmonie, Auflading und »positiv« festlegen, indem Sie das Pendel in eine Drehrichtung entweder im oder gegen den Uhrzeigersinn kreisen lassen.
6. Die entgegengesetzte Drehrichtung bedeutet dann Schwächung, Disharmonie, Entladung und »negativ«.
7. Wichtig ist es, beim Pendeln neutral zu bleiben und ohne Erwartungshaltung und vorgefaßte Meinungen zu arbeiten. Daher sollten Sie bei Themen, die Sie stark gefühlsmäßig beeindrukken, nicht pendeln.

8. Ab und zu sollten Sie Ihr Pendel reinigen, das heißt von Fremdschwingungen befreien, indem Sie es kurz unter fließendes Wasser halten.
9. Setzen Sie sich beim Pendeln nicht unter Erfolgsdruck, und pendeln Sie keine Informationen über andere Personen ohne deren Erlaubnis aus.
10. Prüfen Sie Ihre Fähigkeit und Fehlerhäufigkeit ab und zu durch Blindtests. Versuchen Sie zum Beispiel, die von einer zweiten Person verdeckt ausgewählten Gegenstände zu erpendeln. Benutzen Sie das Pendel möglichst, um damit Ihre Intuition, Ihre Gesundheit und Ihr spirituelles Wachstum zu fördern.

Sie können das Bergkristallpendel auch für eine **Aurakristallbehandlung** benutzen. Dazu halten Sie das Pendel, beginnend beim Basischakra, über die einzelnen Energiezentren und lassen das Pendel solange ganz intuitiv schwingen, bis es eine harmonische Drehrichtung findet. Dann berühren Sie eine Unterlage oder den Boden mit dem Pendel, um die Schwingung zu neutralisieren, bevor Sie zum nächsten Chakra übergehen. Das wiederholen Sie bei jedem Energiezentrum bis hoch zum Scheitelchakra. Diese Pendelbehandlung wirkt ausgleichend und harmonisierend auf die Chakras und bringt mehr Licht in die Aura.

Zum besonders effektiven Umgang mit dem Pendel können Sie **Pendeltafeln** benutzen. Nachfolgend einige Vorschläge zur Gestaltung der Pendeltafeln. Sie sind in Sternform dargestellt zur klareren Markierung des Pendelausschlags. Ich nenne sie deshalb »Pendelsterne« (siehe Abbildungen Seiten 141–148).

1. *Auswahl:* Sie können zunächst Stern I verwenden, um die Kombination und Auswahl der zu verwendenden Steine und Metalle herauszufinden. Halten Sie dazu das Pendel über den Pendelstern, und fragen Sie, was Sie verwenden können. Wenn das Pendel als Antwort in Richtung einer Pendelspitze schwingt, lesen Sie die Zahl ab, die bei der Spitze steht. Damit haben Sie die Antwort auf ihre Frage. Wenn das Pendel zum Beispiel in Richtung der 3 ausschlägt, heißt das, daß Sie einen Stein und ein Metall verwenden sollen. Falls mehrere Steine oder Metalle in Frage kommen, können Sie mit dem Pendel die Anzahl abfragen.
2. *Farbe:* Mit Stern II wählen Sie die Farbe des Steins oder der Steine. Sie gehen wieder wie unter Punkt 1 beschrieben vor und finden so die Farbe (n) der Steine heraus.
3. *Edelsteine nach Farbe:* Stern III benutzen Sie, um unter der entsprechenden, von Ihnen unter Punkt 2 getesteten Farbe den richtigen Stein oder das geeignete Metall zu finden. Wenn Sie zum Beispiel einen grünen Stein suchen, pendeln Sie mit dem Stern eine Zahl aus, unter der Sie dann in der Tabelle unter »grün« den Namen des Steins finden. Diese Tabelle können Sie auch für von Ihnen erfundene Pendellisten verwenden.
4. *Form:* Mit Stern IV können sie die optimale Form Ihres Steins herausfinden.
5. *Verwendung:* Die beste Einsatzmöglichkeit für den gewählten Edelstein finden Sie mit Stern V heraus.
6. *Chakras:* Mit Liste VI testen Sie die geeigneten Chakras aus, auf die Sie dann die Steine legen.

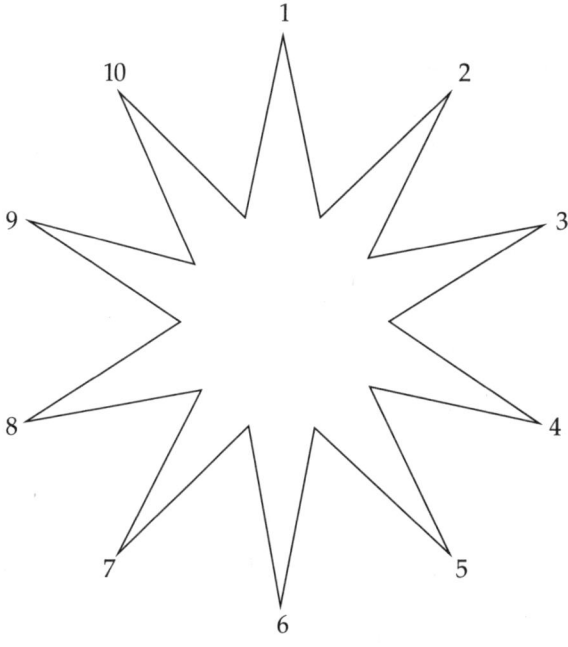

1 = Stein
2 = Metall
3 = ein Stein und ein Metall
4 = mehrere Steine und ein Metall
5 = mehrere Steine und Metalle
6 = ein Stein und mehrere Metalle
7 = mehrere Steine
8 = mehrere Metalle
9 = weder Stein noch Metall
10 = Fehler

Pendelstern I: Auswahl

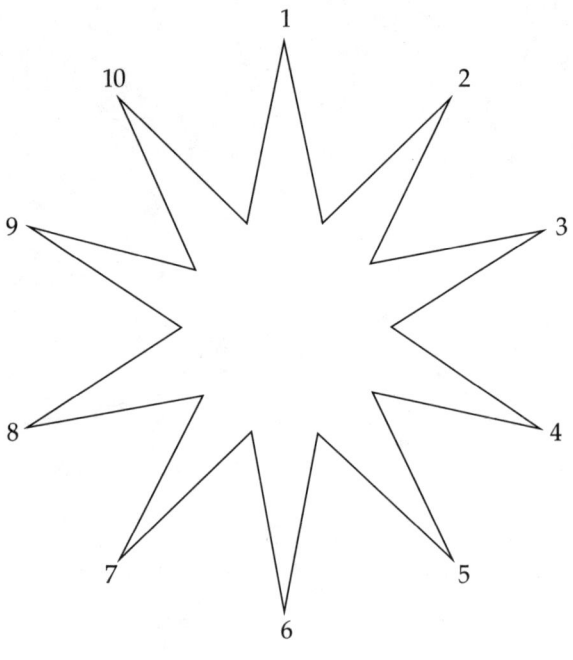

1 = Weiß
2 = Schwarz
3 = Rot
4 = Orange
5 = Gelb
6 = Grün
7 = Rosa
8 = Hellblau
9 = Dunkelblau
10 = Violett

Pendelstern II: Farbe

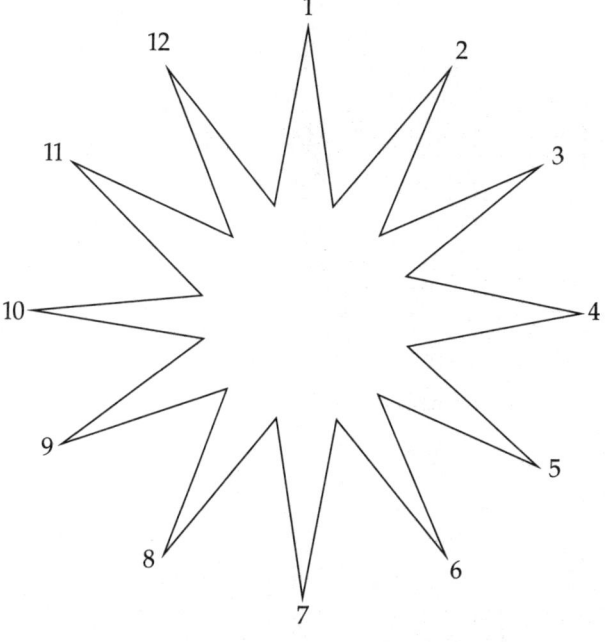

Siehe Tabelle auf den nächsten Seiten.

Pendelstern III: Edelsteine nach Farbe

Tabelle zu Pendelstern III

Farbe:	weiß:	schwarz:	rot:
1	Bergkristall	Gagat	Achat
2	Diamant	Koralle	Granat
3	Dolomit	Obsidian	Hämatit
4	Herkimer	Onyx	Koralle
5	Howlith	Magnetit	Jaspis
6	Koralle	Rauchquarz	Rubin
7	Opal	Turmalin	Rubinspinell
8	Perle	Turmalinquarz	Tigereisen
9	Saphir		Zoisit m. Rubin
10	Selenit		
11	Spinell		
12	Topas		

Farbe:	grün:	rosa:	hellblau:
1	Aventurin	Botswana-Achat	Amazonit
2	Calcit	Calcit	Apatit
3	Chrysopras	Koralle	Aquamarin
4	Dioptas	Kunzit	Chalzedon
5	Heliotrop	Morganit	Chrysokoll
6	Jade	Rhodochrosit	Chrysopal
7	Malachit	Rhodonit	Edeltopas
8	Moldavit	Rosenquarz	Kyanit
9	Moosachat	Rubellit	Labradorit
10	Olivin	Saphir	Larimar
11	Smaragd	Wassermelonen-Turmalin	Mondstein
12	Turmalin		Türkis

orange:	gelb:	Metall:
Achat	Ametrin	Aluminium
Calcit	Bernstein	Blei
Feueropal	Calcit	Bronze
Karneol	Chrysoberyll	Eisen
Mondstein	Fluorit	Gold
Padparadscha	Goldtopas	Kupfer
Sonnenstein	Pyrit	Messing
Topas Imperial	Rutilquarz	Nickel
	Saphir	Platin
	Tigerauge	Silber
	Tigereisen	Titan
	Zitrin	Zinn
dunkelblau:	violett:	
Apatit	Amethyst	
Azurit	Ametrin	
Dumortierit	Charoit	
Falkenauge	Fluorit	
Labradorit	Kunzit	
Lapislazuli	Lepidolith	
Indigolith	Purpurit	
Opal	Sugilit	
Saphir	Turmalin	
Sodalith		
Tansanit		
Turmalin		

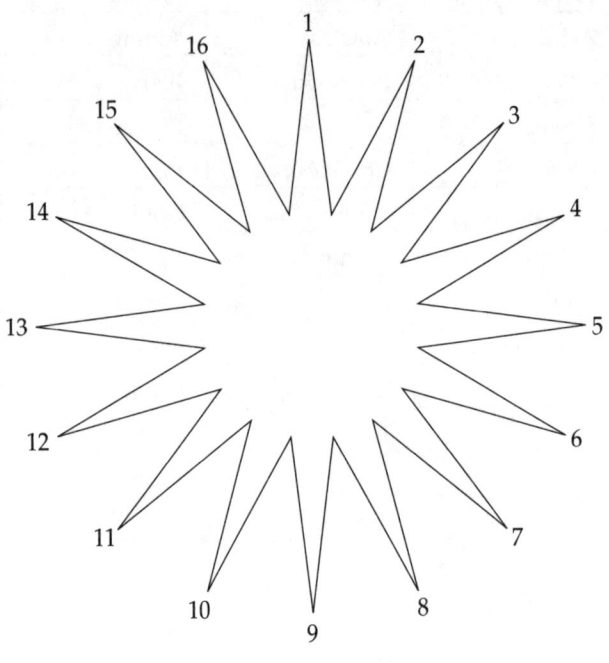

1 = Cabochonschliff
2 = Doppelspitze
3 = Ei
4 = geschliffener Stein
5 = Herz
6 = Kristallgruppe
7 = Kugel
8 = Oktaeder
9 = Pyramide
10 = Rohstein
11 = Scheibe
12 = Spitze
13 = Stab
14 = Trommelstein
15 = Würfel
16 = Fehler

Pendelstern IV: Form

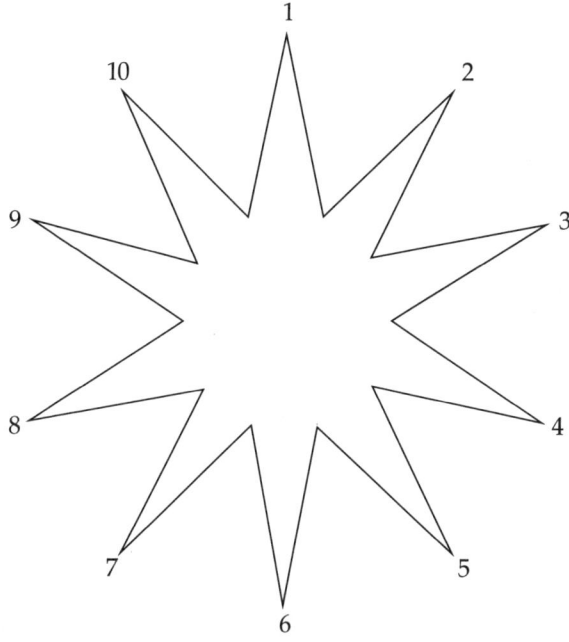

Grundtest: Verwendung

1 = Aufstellen im Arbeitsbereich
2 = Aufstellen im Wohnbereich
3 = Behandlung (weiter mit Test 2)
4 = Edelsteinbad
5 = Edelsteincreme
6 = Edelsteinessenz
7 = Edelsteinwasser
8 = Edelsteinmandala
9 = Tragen am Körper (weiter mit Test 3)
10 = Fehler

Test 2: Behandlung

1 = Auflegen auf ein Chakra
2 = Fernbehandlung
3 = Behandlung mit 1–11 Steinen
4 = Behandlung mit Legemuster
5 = Kristallmassage Aura
6 = Kristallmassage Füße
7 = Kristallmassage Gesicht
8 = Kristallmassage Hände
9 = Meditation mit Steinen
10 = Fehler

Test 3: Tragen

1 = Anhänger
2 = Aufkleben mit Seidenpflaster
3 = Armband
4 = Armreif
5 = Fußkette
6 = Halskette
7 = Ohrringe
8 = Ring
9 = Taschenstein
10 = Fehler

Pendelstern V: Verwendung

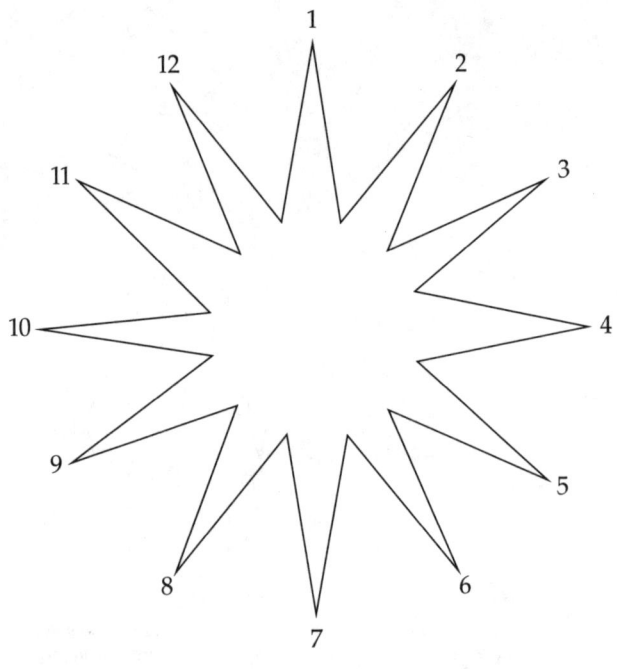

1 = Hände
2 = Füße
3 = Basis
4 = Milz
5 = Solarplexus
6 = Herz
7 = Hals
8 = Drittes Auge
9 = Scheitel
10 = Alle Chakras
11 = Kein Chakra
12 = Fehler

Pendelstern VI: Chakras

Schmuck, Amulett und Talisman

Die magische Kraft der Edelsteine benutzte man schon immer, indem man sie zu Schmuck, Talismanen und Amuletten verarbeitete. Oft wurden dabei verschiedene Symbole und Metalle verwendet.

Beim **Schmuck** geht es in erster Linie um die Schönheit der Steine, die hübsche Verarbeitung und den attraktiven und verschönernden Effekt des Schmuckstücks. Außerdem ist das Tragen von Schmuck eine einfache Möglichkeit, sich die Schwingungen der Steine zunutze zu machen.

Ein **Talisman** wird mit der Absicht erstellt und getragen, bestimmte Energien anzuziehen, magische Unterstützung zu bekommen oder bestimmte Ziele zu erreichen.

Amulette verwendet man zur Abwehr von negativen Einflüssen und zum Schutz vor abträglichen Schwingungen.

Schmuck

Die meisten Völker verwendeten besondere Edelsteine und Metalle, um sich damit zu schmücken oder um bestimmte Wirkungen damit zu erzielen. Könige und religiöse Führer umgaben sich mit Steinen zum Schmuck als Attribute von Reichtum und Macht, aber auch, um ihre Ausstrahlung und ihr Charisma zu verstärken. Mit Edelsteinen besetzte

Diademe und Kronen wurden getragen, um das Scheitelchakra des Trägers zu aktivieren. Mit Edelsteinen besetzte Kleidung und Schmuck sollten Würde und Ausstrahlung verstärken.

In Edelmetalle gefaßte Steine (möglichst nach hinten, zur Haut hin offen) schmücken und bringen gleichzeitig auf angenehme Art die Wirkung der Edelsteine zum Einsatz. Suchen Sie den Schmuck, den Sie kaufen und tragen, immer nach Ihrem Gespür aus. Berücksichtigen Sie dabei

– die Qualität und Farbe des Steins und seine Wirkung,
– den Schliff und die Farbintensität,
– die Symbolik der Form von Schmuck und Stein,
– sowie das verwendete Metall oder die Legierung.

Interessant und wichtig ist auch, wie und an welchen Körperstellen der Schmuck getragen wird:

– Sehr wirksam ist er als **Anhänger** oder **Kette,** da er so direkt im Chakrabereich von Kehle, Herz oder Solarplexus wirken kann.
– Das gleiche gilt für das leider aus der Mode gekommene **Diadem** oder **Stirnband** mit Edelsteinen; aktiviert besonders das Dritte Auge.
– **Broschen** bringen die Kräfte der Steine in den Bereich der Aura, in dem sie getragen werden.
– **Ringe, Armbänder** und **Armreifen** binden durch ihre meist geschlossene Form die Steinenergie an Hand und Finger. Jeder Finger symbolisiert andere Energien.

Daumen: Ego, Wille, Energie; Kopf, Rückenmark; Mars.
Zeigefinger: Selbstvertrauen, Weisheit; Blutsystem, Leber, Galle, Milz; Jupiter.

Mittelfinger: Kraft, Verantwortung; Stoffwechsel, Darm; Saturn.
Ringfinger: Schönheit, Kunst, Vitalität; Nieren, Herz; Apollo.
Kleiner Finger: Intuition, Kommunikation; Geschlechtsorgane; Merkur.

Sie können dieses Wissen nutzen, indem Sie bewußt die Ringe an den Fingern tragen, welche die Energien symbolisieren, die Sie gerne verstärken möchten. Wenn diese Ringe auch einen Edelstein enthalten, der zu dieser Symbolik paßt, wird die Wirkung noch verstärkt.

Ohrringe werden im Akupunkturbereich des Kopfes am Ohrläppchen getragen und stimulieren daher auch besonders das Stirn- und Scheitelchakra.

Talisman

Für die Gestaltung eines Talismans ist maßgeblich:
- die Absicht, die Sie verfolgen wollen,
- das Ziel, welches erreicht werden soll,
- oder die Energien, die Sie anziehen wollen.

Suchen Sie also speziell Steine aus, die von ihren Eigenschaften her zu dem angestrebten Ziel passen, und verstärken Sie diese Qualitäten noch durch entsprechende Formgestaltung und Gravur. Außerdem suchen Sie bitte auch das passende Metall für diesen Zweck aus.

Angenommen, Sie möchten Ihre Intuition stärken, dann könnten Sie zum Beispiel einen

- vom Mond (Weiblichkeit, Intuition) regierten Stein wie Mondstein oder Aquamarin,
- das Mondmetall Silber,

- das Planetenzeichen des Mondes und
- eine weiche fließende Form wählen.

Damit verbinden Sie die verschiedenen Komponenten des Talismans zu einer kraftvollen Gesamtwirkung. Immer, wenn Sie den Talisman tragen oder betrachten, erinnern die enthaltenen Symbole Ihr Unterbewußtsein an die verfolgte Absicht oder das Ziel, das Sie erreichen möchten.

Wenn Sie geschäftlichen Erfolg haben möchten, könnten Sie Bernstein oder Diamant als Edelstein und Gold als Metall mit dem Zeichen des Planeten Jupiter (Erfolg) und einer eckigen Form verbinden.

Über die verschiedenen Aspekte der Symbole und Talismane, die diesen Rahmen sprengen würden, werde ich in einem nächsten Buch ausführlicher berichten.

Amulett

Bei Amuletten, die dem Schutz dienen sollen, verwenden Sie wieder dem Zweck dienliche Steine, Metalle und Formen. Als Schutzsteine sind unter anderem Achat, Malachit, Rosenquarz, Schörl (schwarzer Turmalin) und Türkis gut geeignet. Oft werden als Zeichen die Planetensiegel oder die Namen von Engeln in die dazu passenden Metalle eingraviert.

Auch der Zeitpunkt der Herstellung ist für die Wirkung des Amuletts wichtig. Dabei sollten Sonnen-, Mond- und Planetenstand berücksichtigt werden. Wichtig ist auch beim Amulett, daß seine verschiedenen Bestandteile jeweils dem gleichen Zweck dienen und so die Gesamtwirkung verstärken.

Irrtümer und Mißbrauch

Es gibt inzwischen zahlreiche Bücher über Steine und ihre Heilwirkung und Anwendung. Viele Therapeuten, Lehrer, Seminarleiter und andere wenden die Edelsteine an, sammeln Erfahrungen mit ihnen und vermitteln ihr Wissen manchmal auch weiter. Daher sind unterschiedliche Arbeitsmethoden und Erkenntnisse bekannt.

Ob Sie sich nun mit den Steinen anfreunden möchten oder auch schon Praxis und eigene Erfahrungen haben, immer sollten Sie einige wichtige Punkte beachten:

Jeder Mensch ist ein einmaliges Wesen mit seinem eigenen Weltbild, seinen eigenen Erfahrungen und seinem speziellen Lebensziel. Außerdem befindet sich jeder in stetiger Entwicklung und Veränderung. Das kann sehr schnell gehen oder auch länger dauern. Was heute noch als gut und richtig erkannt wird, kann morgen durch neue Erkenntnisse überholt sein.

Daher können Edelsteine, die Sie vor einiger Zeit noch besonders attraktiv, anziehend und wichtig empfanden, heute für Sie nicht mehr angemessen sein. Sie sind vielleicht in einem neuen Lebensabschnitt und brauchen daher auch andere Edelsteine, die Ihrer neuen Situation gerecht werden und Sie darin unterstützen. Wählen Sie also immer die Steine aus, die auf Ihre Entwicklung und momentanen Bedürfnisse abgestimmt sind. Welche Edelsteine das sind, sagt Ihnen der größte Experte auf diesem Gebiet: *Ihre Intuition!*

Verlassen Sie sich nicht nur auf die Erfahrungen anderer Menschen oder auf überliefertes Wissen. Es hilft einem zwar, die generellen Eigenschaften eines Edelsteins schneller und leichter zu erfassen, aber die spezielle Wirkung, die der Stein hat, und das Wissen, das er Ihnen vermitteln kann, kann nur ein Mensch auf dieser Welt erfahren: *Sie selbst!*

Die Erfahrungen anderer Menschen mit einem Stein müssen nicht automatisch auf Sie übertragbar sein. In meinen Seminaren mache ich eine Übung, in der jeder Teilnehmer einen Stein der gleichen Sorte (zum Beispiel Rubin) in die Hand bekommt. Die Augen bleiben dabei geschlossen. Jeder Mitspieler berichtet dann über seine Gefühle, Eindrücke und Reaktionen, die sehr unterschiedlich sein können. Meist sind einige Grundtendenzen gemeinsam. Zum Beispiel werden beim Rubin Eigenschaften wie aktivierend, wärmend und anregend berichtet. Ansonsten spiegelt die jeweilige Reaktion natürlich auch den Zustand und die Bedürfnisse der entsprechenden Person wider. Lernen Sie daher mehr und mehr, selbst Ihre Steine zu erspüren. Sie werden erstaunt sein, wie unterschiedlich sich Edelsteine anfühlen können.

Betrachten Sie die Kristalle als Ihre Freunde und behandeln Sie sie auch so – nicht wie ein Mittel, eine Medizin oder einen Gegenstand, von dem Sie nur alle Kraft und möglichst viel Nutzen haben wollen. Meine Erfahrung hat gezeigt, daß Menschen, die liebevoll und verantwortungsbewußt mit den Steinen umgehen, das heißt sie pfleglich behandeln, regelmäßig reinigen und behutsam aufbewahren, viel mehr Freude an den Steinen haben; auch sehen Ihre Steine dann strahlender aus und gewinnen immer noch an Energie dazu, statt Kräfte zu verlieren. Trübe weißliche Bergkristallspitzen, die man ständig verwendet und liebevoll behandelt, werden oft strahlend klar und durchsichtig.

Wenn Sie die Edelsteine hingegen nur als Mittel zum Zweck benutzen, können sie alle Farbe verlieren. Sie werden dann stumpf und matt.

Das kann allerdings auch passieren, wenn man sie bei schweren Krankheiten einsetzt. Es ist schon vorgekommen, daß klare Bergkristallkugeln, die einem Krebskranken in die Hand gelegt wurden, innerhalb einer halben Stunde trüb und bräunlich wurden und sogar zersprangen oder zerfielen.

Setzen Sie die Edelsteine niemals ein, um einem anderen Menschen zu schaden, auch wenn Sie ihn als Feind betrachten. In Ihrem eigenen Interesse: Die Energien würden ihre eigenen Schwachstellen und negativen Seiten verstärken. Alles, was Sie aussenden, kommt irgendwann zu Ihnen zurück. Oft, wenn Sie es am wenigsten erwarten.

Teil 3

Die wichtigsten Steine und Metalle

Edelsteine – alphabetisch

Achat

Der Achat gehört zur Gruppe der Chalzedone. Er zeigt oft interessante gebänderte Muster, die sowohl verschiedenfarbig als auch einfarbig sein können. Häufiger vorkommende Farben sind Braun, Rot, Orange, Rosa, Grau und Schwarz. Wenig attraktive Steine werden oft in den verschiedensten Tönen eingefärbt, denn diese Quarzvarietät nimmt sehr gut Farben auf. Viele Achatschleifer verwenden heute noch überlieferte Familienrezepte, um die Steine mit natürlichen Mitteln einzufärben. Vielfach werden Achatgeoden in Scheiben geschnitten, weil dann ihre Schönheit besonders gut zum Ausdruck kommt. Für die Edelsteinbehandlung sollten Sie jedoch grundsätzlich ungefärbte Steine vorziehen.

Achat verleiht Festigkeit und Erdverbundenheit. Er stärkt die Aura und vermittelt dadurch ein Gefühl von Schutz und Geborgenheit. Im körperlichen Bereich wird er für Magen, Augen, Gehör, Fortpflanzungsorgane, Zellbildung und bei Fieber eingesetzt.

Amazonit

Dieser undurchsichtige grüne bis blaugrüne Feldspat hat seinen Namen nach Amazonien. Amazonit ist ein kupferhaltiger Stein; er hat eine besonders beruhigende und ausgleichende Wirkung.

Er erleichtert den Umgang mit Gefühlen und mit dem »inneren Kind«. Die Energiezentren des Körpers bringt er in Einklang. Amazonit ist ein guter Stein für Herz- und Kehlchakra und die zugehörigen Organe. Außerdem wirkt er ausgleichend auf Nervensystem und Bronchien und regt das Zellwachstum an.

Bei Muskelverspannungen, vor allem im Schulter- und Nackenbereich, können Sie mit diesem Stein eine sanfte, lösende Massage durchführen.

Amethyst

Amethyst ist ein hell- bis dunkelvioletter Quarz. Seine Farbe vereint das belebende Rot mit dem ruhigen Blau zu einer harmonischen Einheit. Er lehrt uns, Gegensätze zu überwinden und dadurch die nächste Stufe der Erkenntnis zu erreichen. Man kann ihn auch bei Streß, Nervosität und Spannungskopfschmerzen anwenden, indem man ihn auf das dritte Auge legt oder eine entspannende Gesichtsmassage mit einer Spitze oder einem Trommelstein macht.

Sein Name kommt aus dem Griechischen (»amethystos« heißt »nicht betrunken«) und deutet darauf hin, daß er bei Alkoholproblemen eingesetzt werden kann. Dazu kann man Amethystwasser trinken oder einen Trommelstein auf den Solarplexus legen.

Amethyst regt besonders das dritte Auge und das Scheitelchakra an und klärt die Aura. Er ist gut bei Kopfschmerzen, Migräne, Schlafstörungen, Nervenschmerzen und Streß. Bei der Meditation beruhigt er, schenkt Frieden und ermöglicht eine tiefe Entspannung.

Da häufig synthetischer Amethyst angeboten wird und er schwer vom natürlichen zu unterscheiden ist, sollten Sie sich nach seiner Echtheit erkundigen.

Apatit

Apatit ist ein Calcium-Phosphat mit Chlor und Fluorit, das in vielen Farben vorkommt. Unter anderen in Rosa, Blau, Braun, Grün, Violett, aber auch farblos.

Eingesetzt wird er bei Entzündungen, überreizten Nerven und zur Harmonisierung. Apatit regt die Lebenskraft an und klärt den Geist.

Besonders die blaue Variante kann man bei Meditationen verwenden, um mehr Verständnis für die geistige Welt zu entwickeln und um verborgene Fähigkeiten wie Hellsichtigkeit zu fördern. Apatit stärkt die Kreativität und erleichtert die Selbsterkenntnis.

Aquamarin

Dieser meerwasserblaue bis hellgrüne, transparente Beryll ist ein sehr begehrter und beliebter Edelstein. Er entspannt und beruhigt sowohl den Körper als auch den Geist. Bei Hautproblemen verwendet man daher Aquamarinwasser als Kompressen, oder man legt einen kleinen Trommelstein in die entsprechende Hautcreme.

Aquamarin klärt Gedanken und Gefühle. Dadurch schafft er die Voraussetzung für mehr Inspiration und Einsicht. Außerdem fördert er Verständnis und Toleranz.

Bei Augenproblemen, Drüsenschwellungen, Zahn- und Halsschmerzen wird er auf die betroffene Stelle gelegt.

Aventurin

Der hell- bis dunkelgrüne Aventurin hat meist metallisch flimmernde Einschlüsse (Chromglimmer, Hornblende), an denen man ihn leicht erkennen kann. Bei Herz-, Haut- und Lungenproblemen wird er ebenso eingesetzt wie zur Beruhigung bei Streß und zur Harmonisierung des Energiekörpers. Bei seelischen Spannungen, die sich durch Krankheiten wie Asthma, Herzprobleme und Potenzstörungen manifestieren können, kann der Aventurin verwendet werden. Er löst Spannungen, baut Ängste ab und führt so zu mehr Lebensfreude.

Azurit

Besonders durch sein leuchtendes helles bis tiefes Azurblau zieht dieser Stein die Aufmerksamkeit auf sich. Oft wird er auch zusammen mit Malachit gefunden. Meist wird der Azurit in Knollenform gefunden.

Azurit öffnet das Tor zur geistigen Welt. In Meditationen auf das dritte Auge gelegt, kann er zu tiefen Einsichten und Erkenntnissen verhelfen. Indem er die Aufmerksamkeit fördert, hilft er uns dabei, bewußter zu werden.

Auf Problemstellen plaziert, wirkt er beruhigend und löst Stauungen, Blockaden und Ängste. Azurit kann auch bei Knochenkrankheiten, Kreislaufbeschwerden und Wirbelsäulenproblemen verwendet werden.

Bergkristall

Bergkristall ist farblos oder weiß und transparent bis undurchsichtig. Dieser Quarz ist eines der häufigsten Mineralien unserer Erde. Wegen seinen vielseitigen Qualitäten ist er auch der am meisten verwendete Stein. Er hat sowohl piezoelektrische als auch pyroelektrische Eigenschaften. Das heißt, auf den Kristall ausgeübter Druck wird in Elektrizität umgewandelt, beziehungsweise zugeführte Elektrizität wird zu Schwingung.

Bergkristall wirkt harmonisierend, energetisierend, bewußtseinserweiternd und klärt die Gedanken. Er kann zur Aktivierung und Reinigung aller Chakras eingesetzt werden. Bei Meditationen schenkt er Einsicht und unterstützt klare Träume. Bevorzugt wird er auch bei Kristallmassagen eingesetzt, um Energiestauuungen zu lösen und mehr Licht in die Aura zu bringen.

Als Schmuck getragen, vermittelt er Klarheit, Leuchtkraft und Harmonie. Da der Bergkristall Energien aufnimmt und speichert, sollte er regelmäßig gereinigt werden.

Bernstein

Das goldgelbe bis rötlichbraune versteinerte Harz hat eine leuchtende, sonnige Ausstrahlung. Man erkennt es an seinem geringen Gewicht. Oft sind auch Blätter oder kleine Insekten eingeschlossen. Da viele Fälschungen und Synthesen auf dem Markt sind, sollte man immer nach Naturbernstein fragen.

Seit alters her wird Bernstein als Beißstein oder als Kette verwendet, um Kleinkindern das Zahnen zu erleichtern. Bernstein beruhigt angegriffene Nerven und wird auch für Lunge, Galle, Leber, Magen, Nieren, Ohren und besonders für den Solarplexus eingesetzt. Bei Asthma, Erkältung, Schnupfen und Fieber leistet er gute Dienste.

Bernstein aktiviert die Gedanken und hilft so, Pläne leichter in die Tat umzusetzen. Sein goldgelbes Licht schenkt uns Freude und Gelassenheit.

Calcit

Dieser weiche Stein wird farblos, weiß, gelb, orange, rot, braun, rosa, grün, blau und schwarz gefunden. Man erkennt ihn gut an seiner Doppelbrechung: Das Licht wird durch ihn zweimal gebrochen. Wenn man durch den Kristall zum Beispiel auf eine Zeitung schaut, sieht man die Buchstaben doppelt.

Calcit hilft bei Calciummangel, zur Regeneration nach Knochenbrüchen und bei Beschwerden mit Nieren und Pankreas. Er regt die Chakras an und verstärkt generell den Energiefluß im Körper. Alte, festgefahrene Muster und Gedanken können durch seine Anwendung leichter losgelassen und durch neue Ideen und Eindrücke ersetzt werden.

Chalzedon

Unter Chalzedon versteht man sowohl eine ganze Gruppe von Steinen, zu denen unter anderen Achat, Chrysopras und Jaspis gehören, als auch den eigentlichen Chalzedon. Es gibt den Streifenchalzedon, der weiß bis graublau mit Streifen ist, und eine durchscheinend bläuliche Sorte.

Der Chalzedon hilft bei Halsbeschwerden und kleinen Verletzungen. Er hat eine sehr beruhigende, sanfte Ausstrahlung. Deshalb ist er auch für Kinder gut geeignet.

Da er die Ausdruckskraft und Redegabe stärkt und Gelassenheit vermittelt, wird er gerne als »Rednerstein« benutzt. Dazu kann man ihn als Anhänger tragen oder einen Trommelstein in die Hand nehmen.

Charoit

Dieser fliederfarbene bis violette Stein wird in Ostsibirien beim Fluß Charo gefunden. Er ist sehr selten und daher entsprechend teuer. Charoit besteht aus vielen verschiedenen Mineralien.

Zur Stärkung der Immunabwehr, der Leber, der Bauchspeicheldrüse und des Herzens legt man einen Trommelstein auf die entsprechende Stelle, oder man trägt ihn als Anhänger oder Kette. Wie der Sugilit ist auch der Charoit ein Stein des neuen Zeitalters. Er lehrt Toleranz, Liebe und die Verbundenheit mit »All-dem-was-Ist«. Außerdem verhilft er zu mehr Intuition und Einsicht. Dadurch fördert er unsere spirituelle Entwicklung und Bewußtwerdung.

Chrysokoll

Dieser weiche Stein ist dem Türkis sehr ähnlich. Meist ist er grün bis blaugrün und manchmal auch türkisfarben. Drusenchrysokoll zeigt auf einer oder mehreren Seiten kleine Kristalle. Als transparente und türkisblaue Varietät wird er auch Gem Silica genannt.

Chrysokoll wird für Arterien, Haare, Haut, Hals, Herz, Lunge, Magen, Nerven und den Stoffwechsel eingesetzt. Er hat eine harmonisierende und beruhigende Wirkung.

Chrysokoll gleicht Gemüt und Gedanken aus, stärkt die Intuition und gibt innere Stärke und Ausdauer. Dadurch lindert er Streßbelastungen und führt uns zu mehr Gelassenheit.

Chrysopras

Das erfrischende Apfelgrün dieser Chalzedonvarietät stärkt und öffnet das Herz. Man nimmt an, daß besonders die Heilwirkung bei rheumatischen Krankheiten auf den Nickelgehalt dieses Edelsteins zurückzuführen ist.

Chrysopras regt das Gehirn, die Haut, die Hormondrüsen, das Nervensystem und den Stoffwechsel an. Er löst Spannungen, wirkt fiebersenkend und entzündungshemmend.

Chrysopras hilft uns, mit Klarheit und Dankbarkeit auch schwierige Situationen zu bewältigen.

Citrin

Diese Quarzvariante wird hauptsächlich in Brasilien und Madagaskar gefunden. Da echte Citrine jedoch selten sind, brennt man die meisten aus Amethyst oder Rauchquarz.

Citrin oder Zitrin regt mit seiner leuchtend zitronengelben bis goldbraunen Farbe Körper und Gemüt an. Er ist hilfreich bei Depressionen, Starrköpfigkeit und Unsicherheit. Daher leistet er gute Dienste bei Diabetes, multipler Sklerose und Parkinsonscher Krankheit. Citrin aktiviert besonders das Sakral- und das Solarplexus-Chakra und klärt die ganze Aura.

Diamant

Diamant besteht aus kristallisiertem Kohlenstoff und ist der härteste aller Steine. Daher wurde er von den Griechen »adamas«, das heißt der Unbesiegbare, genannt. Er kommt in vielen Farbschattierungen wie Weiß, Schwarz, Rosa, Gelb, Braun, Blau und Grün vor. Seine starke Lichtbrechung zeigt er besonders gut als geschliffener Stein. Als »König der Edelsteine« steht er für die Sonne, die Einheit, das Göttliche und die Reinheit. Er verstärkt die Eigenschaften und Wirkungen anderer Mineralien und hat starke Heilkräfte für alle Bereiche von Körper und Geist. Er regt auch alle Energiezentren kräftig an. Daher sollte er mindestens zum Schlafen abgelegt werden. Oft wird der Diamant auch als Zeichen der Liebe verschenkt.

Er zeigt uns Vollkommenheit und Harmonie. Aber er spiegelt auch unsere negativen Eigenschaften. Im Übermaß verwendet, kann er daher zu Nervosität und Gereiztheit führen.

Dumortierit

Wegen seiner meist tiefblauen Farbe könnte man diesen Stein eventuell mit dem Sodalith verwechseln, aber anhand seiner Maserung kann man ihn unterscheiden.

Dumortierit lehrt uns Ruhe, Geduld und Bodenständigkeit. Wir erkennen mit ihm leichter unsere Schwachstellen und finden so zu mehr Toleranz für unsere Mitmenschen. Dumortierit hilft uns, Ideen und Pläne in Worte zu fassen und auch in die Tat umzusetzen.

Im körperlichen Bereich wird er für Schilddrüse, Knochen, Kreislauf, Nervensystem und bei Entzündungen eingesetzt.

Falkenauge

Blauschwarz mit gebänderten irisierenden Wellenmustern schimmert uns dieser geheimnisvolle Stein an. Wie mit den Augen eines Falken in großer Höhe läßt er uns Zusammenhänge erkennen und vermittelt uns Überblick und kritisches Denken. So können wir leichter die richtige Relation finden, wenn wir uns mit den Anforderungen des Alltags verzettelt haben.

Falkenauge ist wie sein Bruder, das Tigerauge, ein faseriger, hornblendehaltiger Stein; durch Phosphor und Eisen erhält er seine Farbe. Er wird für Haut, Herz, Knochen, Lunge, Wirbelsäule, Nerven und Lymphen eingesetzt. Besonders für übermüdete und überanstrengte Augen, was ja in unserer Fernseh- und Computerzeit oft vorkommt, kann man das Falkenauge verwenden. Dazu legt man Trommelsteine entweder direkt auf die Augen oder auf das dritte Auge.

Feueropal

Diese Opalvariante mit ihrer feurigen orangeroten bis roten Farbe wird besonders für den Bereich der Verdauungs- und Geschlechtsorgane eingesetzt. Er wirkt anregend, vitalisierend und bewußtseinserweiternd. Dadurch führt uns der Feueropal manchmal an unsere Grenzen heran und gibt uns die Impulse, sie auch zu überschreiten und so neue Ebenen der Erkenntnis zu erreichen.

Fluorit

Die Farben von Fluorit rangieren von Farblos über Rosa, Rot, Blau, Grün, Gelb bis hin zu Violett und Schwarz. Oft kommt er in Form von Oktaedern (Doppelpyramiden) vor. Dieser weiche, fluorhaltige Flußspat wird besonders zur Blockadenlösung auch bei chronischen Krankheiten eingesetzt. Dafür legt man ihn auf die betroffene Stelle für circa 10 bis 15 Minuten auf. Anschließend legt man die für die Krankheit geeigneten Steine auf. Sie können dann besser wirken.

Fluorit unterstützt Zellwachstum und -erneuerung, bringt Ordnung und Ruhe in die Gedanken und gleicht die Aktivitäten der beiden Gehirnhälften einander an. Daher wird er auch bei geistigen Krankheiten verwendet.

Granat

Granat kommt in verschiedenen Farben vor, besonders bekannt ist er jedoch als roter, transparenter Stein. Auch in der roten Farbe gibt es verschiedene Varietäten, wie Pyrop, Almandin und Spessartin. Im Altertum und in Märchen wurde er als Karfunkel bezeichnet. Er aktiviert Körper, Kreislauf und Stoffwechsel. Auch bei Rheuma, Blutarmut, Durchblutungsstörungen, Knochenkrankheiten, Arterien-, Herz- und Lungenproblemen wird er verwendet.

Granat regt Antriebskraft, Sexualität, Mut, Willensstärke, Ausdauer und Selbstwertgefühl an. Leicht erregbare Menschen sollten diesen Stein besser nicht verwenden.

Hämatit

Wenn dieser silbrig-schwarz glänzende Stein geschliffen wird, läuft sein Schleifwasser in blutroter Farbe weg. Er wird daher auch Blutstein genannt (»haima«: Griechisch für Blut). Wie man an seinem Gewicht unschwer erkennen kann, ist er ein eisenhaltiger Stein.

Hämatit regt die Blutbildung und die Gehirntätigkeit an. Er stärkt das Nervensystem und fördert die Genesung nach Krankheiten. Auch bei Menstruationsbeschwerden, Sexualstörungen und Durchblutungsproblemen bietet er Hilfe.

Hämatit gibt uns neuen Schwung. Ein Hämatit in der Tasche hilft uns mit mehr Energie durch den Tag. Auch Wille und Standhaftigkeit werden durch ihn gestärkt.

Heliotrop

Dieser dunkelgrüne Stein mit seinen roten, eisenhaltigen Einschlüssen wird auch Blutjaspis genannt. Er ist ein Heilstein, der die Lebenskräfte anregt und die Bluterneuerung unterstützt. Auch bei Sehstörungen und Erkältungen leistet er manchmal gute Dienste, wenn man ihn aufs dritte Auge legt.

Der Heliotrop gleicht Basis- und Herzchakra aus und lehrt uns, die Liebe im Herzensbereich mit der Sexualität zu verbinden. Außerdem stärkt er Ausdauer und Intellekt.

Jade

Jade umfaßt die Gruppen Jadeit (grün, schwarz, violett, gelb, braun), Chloromelanit (hellgrün mit schwarzen Flecken – ein königlicher Stein) und Nephrit (meist grün). Die Unterscheidung ist für den Laien manchmal schwierig. Daher hat sich der Oberbegriff Jade durchgesetzt. Jade wird besonders in China schon lange hoch geschätzt. Kunstgegenstände, Götterfiguren und Schmuck werden aus diesen Edelsteinen geschnitzt.

Jade erfrischt Herz, Nieren und Nerven. Auch bei Depressionen, Magenbeschwerden, Muskelschmerzen, Grippe und Hautproblemen leistet sie gute Dienste. Dieser Edelstein bringt Harmonie, Klarheit, Frieden, geistige Erneuerung und fördert die Meditation.

Jaspis

Jaspis ist eine in vielen Ländern vorkommende Chalzedonart. Der meist gesprenkelte undurchsichtige Jaspis hat seine Farbtöne und Muster durch Fremdeinschlüsse wie Eisen und Mangan. Dieser Stein fördert die Blutbildung und kräftigt das Herz. Er hilft auch bei Entzündungen und nervösen Hautkrankheiten.

Jaspis ist ein Stein, der uns mit der Materie verbindet und uns dadurch mehr Standfestigkeit verleiht; besonders dann, wenn er dunkle bis schwarze Einschlüsse aufweist. Die rote Variante, auch Silex genannt, kann besonders bei Blutarmut und Menstruationsproblemen eingesetzt werden.

Jaspis wird auch als guter Schutzstein bezeichnet, der belastende Energien abhält.

Karneol

Karneol ist eine orangefarbene bis braun-rote Variante des Chalzedons. Der in alten Texten erwähnte Sarder wird manchmal als Karneol bezeichnet, denn beide sind schwer zu unterscheiden. Natürliche Karneole (sie kommen meist aus Indien und haben eine wolkenartige Farbtönung) sind inzwischen schwer erhältlich. Meist werden gefärbte Achate (streifige Farbschichten) als Karneolersatz angeboten.

Karneol regt die Verdauung, die Blutreinigung, die Durchblutung und das Immunsystem an. Auch bei Steinbildung in Nieren und bei Sexualproblemen wird er eingesetzt.

Karneol steigert Aktivität, Ausdauer, Kreativität,

Widerstandskraft und Aufnahmefähigkeit. Dadurch weckt er die Lebensenergien und aktiviert die Gefühle.

Koralle

Korallen sind kalkhaltige Gerippe von kleinen Meerestieren. Es gibt sie in rosa, roter, weißer, blauer und schwarzer Farbe.

Koralle regt die Lebenskräfte an und mildert die Monatsbeschwerden. Sie stärkt die Gefühlswelt und die Kreativität.

Labradorit

Dieser Feldspat ist hell- bis dunkelgrau mit einem schillerndem blaugrünem und orangem Farbenspiel. Sein Name stammt von Labrador, wo er vor mehr als 200 Jahren entdeckt wurde.

Er wird zur Beruhigung bei Streß und Unruhe, zum Ausgleich von Gehirnanomalien und zur Aktivierung des Stoffwechsels eingesetzt.

Labradorit zeigt sowohl die bleichen Farben des Mondes als auch das gelb-goldene Leuchten der Sonne. So lehrt er uns, die Polaritäten sowohl auszudrücken als auch in Harmonie zu bringen.

Lapislazuli

Oft schmücken diese strahlenden, königsblauen Steine goldene Pyriteinschlüsse. Wie ein Himmel voller leuchtender Sterne vermittelt er Ruhe und Klarheit. Außerdem stärkt er die Aufnahmefähigkeit. Darum ist er besonders für die wissenschaftliche und geistige Arbeit sowie zum Studieren geeignet. Lapislazuli ist daher auch ein Stein fürs dritte Auge, der die Bewußtwerdung fördert.

Im körperlichen Bereich wird er bei Halsbeschwerden, Entzündungen, Depressionen, Kopfschmerzen, Bluthochdruck, Lymph- und Drüsenbeschwerden sowie bei Nervenschmerzen eingesetzt.

Larimar

Wie der Himmel mit seinem hellen Blau ist auch dieser Pektolit oft mit weißen Wolken durchzogen. Er wird nur auf den dominikanischen Inseln gefunden.

Larimar strahlt eine Ruhe und Klarheit aus, welche die Selbstheilungskräfte und die liebevollen Energien in uns erblühen lassen. Er hilft uns besonders, durch Veränderungsphasen zu gehen und neue Lebensabschnitte zu beginnen. Auch im körperlichen Bereich löst er Blockaden und bringt die Energien wieder in Fluß. Er regt vor allem die oberen drei Chakras, Kehle, Stirn und Scheitel, an.

Magnetit

Der magnetische, eisenhaltige Stein wird vor allem in Schweden abgebaut. Oft wird er wie der Fluorit in Oktaederform gefunden. Zur leichteren Anwendung wird er oft in halbrunder Form geschliffen. Durch seinen Magnetismus kann der Magnetit bei Gelenk- und Nervenschmerzen sowie bei Knochenbrüchen, Rheuma und Arthritis hilfreich sein. Dazu sollte er auf die entsprechende Stelle aufgelegt oder mit einem Seidenpflaster aufgeklebt werden. Magnetit fördert den Stoffwechsel und die Bluterneuerung. Bei Meditationen bringt er uns Ruhe und verbindet uns mit unserer inneren Führung.

Malachit

Hell- bis dunkelgrüne Wellenmuster und Zeichnungen sind charakteristisch für diesen kupferhaltigen Edelstein. Häufig wird er zusammen mit Azurit gefunden. Schon seit Jahrtausenden wird der Malachit als heilender und entgiftender Stein begehrt. Er reinigt und klärt die Chakras und löst gestaute Gefühle. Sein sattes Grün vermittelt Liebe, Harmonie und Mitgefühl.

Malachit kann für Herz, Verdauungssystem und Nieren verwendet werden. Bei Kopfschmerzen macht man entweder eine leichte Gesichtsmassage mit einem Trommelstein, oder man legt ihn aufs dritte Auge. Bei Monatsbeschwerden und zur Schmerzlinderung sollte man diesen Stein bei sich tragen.

Moldavit

Der flaschengrüne Meteorit gehört zur Gruppe der Tektite. Er wird im Moldaugebiet gefunden, daher auch sein Name. Dieses durchsichtige Naturglas kommt aus den Weiten des Weltraums und enthält manchmal kleine Gasbläschen. Schon in der Frühgeschichte verwendeten Menschen Moldavit für Werkzeuge und Schmuck; seit dem 18. Jahrhundert wurde der Moldavit sowohl im Rohzustand als Glücksstein als auch für Schmuck verwendet.

Moldavit wird vor allem für die Energiezentren von Kehle, Stirn und Scheitel sowie bei Kopfschmerzen, Epilepsie und Autismus eingesetzt.

Meditiert man mit dem Moldavit, so sollte man sich dabei mit schwarzen Steinen erden, da er in sehr tiefe geistige Bereiche führen kann. Vor allem am dritten Auge oder als Schmuck am Hals- oder Herzchakra eingesetzt, fördert dieser Edelstein die außersinnliche Wahrnehmung.

Mondstein

Dieser milchige weiße, graue, blaue oder orangene Kalifeldspat ist meist durchsichtig bis durchscheinend. Besonders die indische Kultur schätzte diesen dem Mond zugeordneten Edelstein. Er ist besonders für Lymph- und Drüsenprobleme sowie für die Geschlechtsorgane und bei allergischen Reaktionen geeignet. Aber auch bei Erkältungskrankheiten, Diabetes und Hormonstörungen kann er hilfreich sein.

Mondstein gleicht emotionale Spannungen aus. Er beruhigt und fördert besonders die sanften, träumerischen, intuitiven, weiblichen Eigenschaften.

Moosachat

Dieser farblose, durchscheinende Chalzedon hat grüne, moosähnliche Einlagerungen. Daher hat er auch seinen Namen. Er verbindet uns mit der Natur und wird deshalb auch Gärtnerstein genannt. Er fördert die Naturliebe und den »grünen Daumen«. Außerdem stärkt dieser Stein das Selbstbewußtsein. Dadurch lernen wir, uns mehr zu öffnen und neue Erfahrungen zuzulassen.

Moosachat hilft bei Haut- und Augenleiden, Verdauungsbeschwerden, bei Erkältung und zur Entgiftung.
Eine Varietät ist der weiß-grüne Baumachat.

Obsidian

Das vulkanische Naturglas kommt in verschiedenen Arten, wie Schneeflocken-, Rauch-, Regenbogen- oder Mahagoniobsidian und meist in schwarzer oder brauner Farbe vor. Wegen seiner scharfen Kanten und Bruchstellen wurde der Obsidian in früheren Zeiten als Messer, als Werkzeug und für zeremonielle Zwecke verwendet.

Obsidian eignet sich besonders zum Erden, zur Willensstärkung, zum Schutz und zur Auseinandersetzung mit den eigenen Schattenseiten. Wenn man ihn trägt oder mit ihm meditiert, macht er uns unsere Schwachstellen bewußt und zeigt uns, wo unsere Energien nicht frei fließen. Daher sollte man, wenn man diesen Stein längere Zeit verwendet, dazu bereit sein, sich zu verändern und neue Sichtweisen zuzulassen. Besonders realitätsfremde, träumerische Menschen finden durch ihn zu mehr Achtsamkeit und Bewußtsein.

Obsidian stärkt das Immunsystem, die Bauchspeicheldrüse und die Knochen.

Olivin (Peridot, Chrysolith)

Der grüngelbe, durchsichtige Edelstein ist ein Silikat von Magnesium und Eisen. Er wird bei Nervosität, Diabetes, Lymphproblemen, Verstopfung, Depressionen, Alpträumen und Entzündungen verwendet.

Die Leuchtkraft des Olivins vermittelt Freude und Anregung. Dadurch fördert er Kreativität und Lebenslust. Die Sonnenkraft dieses Edelsteins belebt die Gefühle und wärmt das Herz.

Onyx

Der Onyx gehört zur Gruppe der Chalzedone. Er ist undurchsichtig und hat verschiedene Farben, wobei am häufigsten Schwarz, Weiß und Orange-braun vorkommen. Oft ist er auch zweifarbig gebändert.

Onyx stärkt Gelenke, Knochen, Herz und das Zellwachstum. Außerdem fördert er Blutbildung und Widerstandskraft. Auch bei Diabetes, Durchblutungsstörungen, Fieber und Entzündungen kann er hilfreich sein.

Da uns Onyx stärker mit der Materie verbindet, ist er besonders bei Unentschlossenheit und Träumerei einzusetzen. Er stärkt das Selbstvertrauen und schützt vor belastenden Energien.

Opal

Dieser leuchtende Stein wurde schon in der Antike wegen seiner Schönheit bewundert. Seine schillernden Regenbogenfarben entstehen durch eingeschlossenes Wasser.

Opal regt Träume, Intuition und Inspiration an. Außerdem aktiviert er die Wahrnehmungsgabe und verstärkt unsere Gefühle. Dadurch fördert er die Persönlichkeitsentfaltung.

Opal regt Herz und Kreislauf an und stärkt die Selbstheilungskräfte.

Außer den bereits beschriebenen Feueropal gibt

es noch verschiedene Arten, wie weißen Opal, Chrysopal (auch Andenopal genannt), Holzopal und Milchopal.

Perle

Perlen bilden sich als Umwucherungen von Fremdkörpern sowohl in Meeres- als auch in Süßwassermuscheln. Sie sind meist weiß, werden jedoch auch in anderen Farben gefunden und bestehen zum größten Teil aus Perlmutt. Heutzutage werden meist nur Zuchtperlen angeboten.

Perlen symbolisieren Reinheit, Ehrlichkeit und Unschuld. Sie fördern die Verdauung, regen die Lebenskraft an und gleichen Kalziummangel aus. Auch bei Knochenkrankheiten, Diabetes, Entzündungen und Erkältung kann man Perlen verwenden.

Pyrit

Der schwefel- und eisenhaltige, goldgelbe Stein wächst meist in Würfelform, aber auch in Scheiben und Kugeln. Er wird wegen seiner goldähnlichen Farbe auch Katzengold genannt. Ein ähnliches Mineral ist der Markasit.

Pyrit regt die Blut- und Knochenbildung und das Immunsystem an. Man setzt ihn bei Diabetes, Rheuma, Muskelschmerzen, Herzschwäche, Asthma, Bronchitis und Grippe ein.

Pyrit hilft Ängste, Blockaden und starre Denkmuster zu lösen und unterstützt so die geistige Entwicklung.

Rauchquarz

Der braune, transparente bis durchscheinende Quarz ist der lichtvollste der dunklen Edelsteine. Seine Farbe entsteht sowohl durch Fremdanteile wie Eisen oder Titan als auch durch radioaktive Strahlung an seinem Fundort. Natürlicher Rauchquarz ist eher selten und teuer. Oft wird Quarz radioaktiv bestrahlt, um ihn zu färben und als Rauchquarz verkaufen zu können.

Rauchquarz verbindet uns mit der Materie, löst auf sanfte Art gestaute Energien und wirkt beruhigend. Er wird auch für Herz, Lunge und Muskeln eingesetzt und wirkt entgiftend. Er stärkt das Selbstbewußtsein und hilft uns, unsere Aufmerksamkeit auf die Gegenwart zu lenken.

Rhodochrosit

Diesen tief rosa Stein erkennt man meist an den weißen Wellenmustern, die ihn durchziehen. Doch manchmal kommt er auch als durchscheinende bis durchsichtige kristalline Variante vor.

Rhodochrosit ist ein Stein der Liebe, des Verständnisses, der Kreativität und der Intuition. Durch die Entwicklung dieser Eigenschaften lernen wir Ängste und Schuldgefühle loszulassen und mit mehr Energie und Freude zu leben.

Dies wird sich dann auch im Körper durch mehr Beweglichkeit und Flexibilität ausdrücken. Krankheiten der Knochen und des Bewegungsapparates können so losgelassen werden. Auch bei Problemen mit Augen, Gehirn, Herz, Nerven und Verdauung leistet der Rhodochrosit gute Dienste.

Rhodonit

Dieser undurchsichtige, rosarote Edelstein ist dunkler als Rhodochrosit und oft mit schwarzen Adern durchzogen. Auch er ist ein Stein des Herzens und der Liebe. Rhodonit hilft, die täglichen Aufgaben zu bewältigen, aber auch mehr Mitgefühl zu leben. Dadurch fällt es leichter, Ängste loszulassen und das eigene Potential an Kräften und Talenten besser auszuschöpfen.

Rhodonit regt die Selbstheilungskräfte und die Lebensenergie an. Auch bei Arthritis und Entzündungen kann man ihn einsetzen.

Rosenquarz

Dieser durchsichtige, rosafarbene Quarz ist zwar der sanfteste der Herzenssteine, aber gerade dadurch ist er für die meisten Menschen gut geeignet und besonders wirkungsvoll. Seine friedvolle Schwingung löst Negativität, Ängste und Streß. Rosenquarz macht unser Herz sanfter, wir lernen, uns so anzunehmen, wie wir sind, und uns zu vergeben – die Voraussetzung dafür, Liebe auch an andere weiterzugeben. Mit seinen sanften Energien ist er auch ein guter Stein für Kinder.

Im körperlichen Bereich kann Rosenquarz unter anderem bei Wirbelsäulen-, Knochen- und Hautproblemen, bei Nerven- und Lungenkrankheiten sowie bei Sexualstörungen hilfreich sein.

Oft werden Rosenquarzbrocken auch, wie schwarzer Turmalin, zur Entstörung von Erd- und Computerstrahlung eingesetzt. Man sollte dabei jedoch beachten, daß die Entstrahlung nur teilweise erfolgt und daß die Steine diese Energien aufnehmen und daher sehr häufig unter fließendem Wasser gereinigt werden müssen.

Rubellit

Der rosa bis rote Turmalin kann bei Leber-, Lymph-, Herz- und Verdauungsproblemen sowie zur Stärkung des Immunsystems, der Geschlechtsorgane und der Vitalität verwendet werden.

Rubellit mit seinem leuchtenden Rosa öffnet das Herz für Liebe und Freude und regt dadurch die Selbstheilungskräfte an. Auch er lehrt uns, wie der Rosenquarz, uns selbst anzunehmen und zu lieben – während der grüne Turmalin dabei hilft, diese Liebe nach außen zu tragen.

Eine besonders schöne Turmalinvariante ist deshalb der Wassermelonenturmalin, der, außen grün und innen rosa, beide Farben harmonisch vereint. Er wird besonders bei Problemen des Herzens, zur Zellerneuerung und zur Krebsvorsorge eingesetzt.

Rubin

Dieser harte, tiefrote Stein kommt sowohl in transparenter als auch in kristalliner, undurchsichtiger Form vor. Wegen seiner »taubenblutroten« Farbe und seiner Seltenheit, besonders als größerer Stein, ist der Rubin einer der kostbarsten und gesuchtesten Edelsteine. Auch von seinen heilenden Eigenschaften her ist er ein sehr wichtiger Stein. Er wird bei Anämie, Verdauungsproblemen, Energielosigkeit sowie bei Immun- und Kreislaufschwäche eingesetzt. Auch auf Herz, Nieren, Leber, Augen,

Lymphen, Ohren, Lungen und Knochen kann er heilend wirken.

Rubin stärkt Gefühle der Zuneigung, der Liebe und des Mitgefühls. Er hilft uns, durch schmerzende Gefühle hindurchzugehen und sie so aufzulösen und umzuwandeln. Dadurch finden wir zu einer neuen Ebene der Erkenntnis.

Rutilquarz

Die Verbindung von Bergkristall und Titanoxid (Rutil) mit ihren goldenen bis rötlichen, haarähnlichen Einschlüssen wird auch Engels- oder Venushaar genannt. Rutil kommt auch in anderen Kristallen wie Amethyst und Topas vor.

Rutilquarz stärkt Bronchien, Nerven, Magen und die Schilddrüse. Er regt die Zellerneuerung an, beruhigt und harmonisiert. Zum Schlafen unters Kopfkissen gelegt, schenkt er oft bewußte und klare Träume. Er kann sowohl im Solarplexus lösend und ausgleichend auf die Gefühle wirken als auch dabei helfen, diese Emotionen auch in Worte zu fassen und auszudrücken.

Saphir

Dieser Korund kommt nicht nur in Blau, sondern in vielen Farben wie Grün, Gelb, Violett und Rosa vor. Wie der Rubin war auch der Saphir schon immer ein Stein der Kaiser und Könige. Sein leuchtendes tiefes Blau strahlt Ruhe und Würde aus. Eine besonders attraktive Variante ist auch der orangefarbene Padparadscha.

Saphir unterstützt Augen, Ohren, Lunge, Hals

und hilft bei Gelenkschmerzen, Nervosität und Schlaflosigkeit. Er schenkt Idealismus und Kraft. Dadurch hilft er uns, leichter zu unserem Lebensziel zu finden und Ängste und Depressionen zu überwinden.

Schörl (Schwarzer Turmalin)

Schwarzer Turmalin wächst in länglichen Stäben, die manchmal eine beträchtliche Größe erreichen. Man nimmt ihn zur Behandlung bei Verdauungs-, Knochen-, Herz- und Lymphkrankheiten. Er stärkt die Abwehrkräfte, das Durchhaltevermögen und das Selbstvertrauen. Er bringt überaktiven Menschen mehr Ruhe und Standfestigkeit.

Wenn Schörl als Schutzstein gegen elektronische und radioaktive Strahlung sowie gegen negative Energien eingesetzt wird, sollte er möglichst oft gereinigt werden.

Man kann den Schörl bei der Edelsteinbehandlung zur Erdung zwischen die Füße legen. Ansonsten bringt er auch gute Resultate, wenn er als Anhänger in Höhe des Solarplexus getragen wird.

Smaragd

Der smaragdgrüne Beryll ist sehr kostbar und gleichzeitig ein guter Heilstein, der bei Vollmond die stärkste Wirkung zeigt. Es gibt viele Smaragdfundorte. Die schönsten und wertvollsten Steine kommen jedoch aus Kolumbien. Früher wurde ein Smaragd oft als Ring von Heilern und Ärzten getragen.

Smaragd wird bei Knochen-, Nieren-, Haut-, Lungen-, Nerven- und Leberproblemen angewandt. Bei Augenkrankheiten, Sehschwäche und übermüdeten Augen kann man zwei Steine auf die Augenlider legen und dort für jeweils 15 Minuten wirken lassen. Man kann auch Kompressen mit Smaragdwasser auf die Augen legen und zusätzlich täglich Smaragdwasser trinken.

Smaragd ist ein Stein der Liebe, der Harmonie und der geistigen Entfaltung. Sein leuchtendes, erfrischendes Grün heilt seelische Verletzungen und schenkt neuen Mut.

Sodalith

Der opake hell- bis dunkelblaue Stein ist oft von weißen und schwarzen Adern durchzogen. Man kann ihn leicht mit dem Lapislazuli verwechseln, da seine Farbe sehr ähnlich ist.

Bei Schlaflosigkeit, nervösen Magenbeschwerden, Lymph-, Nerven- und Stoffwechselproblemen leistet er gute Dienste.

Sodalith stärkt Selbstvertrauen, Standfestigkeit und logisches Denken. Dadurch hilft er, die Erfordernisse des täglichen Lebens zu bewältigen und auch schwierige Aufgaben leichter zu durchdenken. Außerdem gibt er uns den Mut, unsere Emotionen auszudrücken und offener zu werden.

Sonnenstein

Die meist orange-golden flimmernden Strahlen dieses Feldspats bringen, wie die Strahlen der leuchtenden Sonne, Licht, Vitalität, Freude und Klarheit ins Bewußtsein.

Zur Behandlung der Geschlechtsorgane, der Wirbelsäule, der Lymphe, des Magens, des Herzens und des Solarplexus wird der Sonnenstein ebenso eingesetzt wie generell zur Aktivierung aller Chakras. Aber wie schon sein Name sagt, ist dieser Edelstein besonders für unser Sonnenzentrum, den Solarplexus, geeignet. Daher sollte man ihn zunächst immer auf dieses Energiezentrum legen oder einen Anhänger dort tragen.

Sugilit

Dieser seltene Stein wird in einer Manganmine in der Kalahari-Wüste in Südafrika gefunden. Er ist meist violett bis purpur in verschiedenen Tönungen, sehr selten tritt er auch in blauer Farbe auf.

Sugilit wird im körperlichen Bereich für Drüsen, Galle, Herz, Leber, Lymphen, Kreislauf, Nerven und bei Kopfschmerzen eingesetzt.

Er hilft uns, spirituelle Erkenntnisse in den Alltag einzubringen, sowie negative Gefühle und Eigenschaften zu erkennen und abzubauen. Dazu kann man ihn aufs dritte Auge legen und mit ihm meditieren, oder ihn als Anhänger am Halschakra und auch als Ring tragen.

Tigerauge

Der goldgelbe bis goldbraune Schmuckstein zieht uns besonders durch seine wogenden Lichtschimmer in den Bann, die an die Augen eines Tiger erinnern. Daher wurde er schon in früheren Zeiten gegen den »bösen Blick« und bei Augenproblemen verwendet.

Für Wirbelsäule, Hals, Nieren, Solarplexus, Magen und Verdauung leistet dieser Stein gute Dienste. Auch zur unterstützenden Krebstherapie, bei Depressionen und zur Suchtbehandlung kann er eingesetzt werden. Tigerauge bringt Ausgleich, Ruhe und Harmonie. Außerdem steigert er die geistige Aufnahmefähigkeit und stärkt den Blick für Details.

Turmalinquarz

Als Verbindung von Bergkristall und schwarzem Turmalin (Schörl) zeigt dieser Quarz schwarze Nadeln im transparenten oder weißen Kristall.

Turmalinquarz aktiviert die Energiezentren und das Herz, die Verdauung und die Lymphen. Er entgiftet den Körper und schützt vor negativen Schwingungen. Bei Gleichgewichtsstörungen legt man ihn bevorzugt aufs dritte Auge.

Turmalinquarz bringt Licht in unsere Schattenseiten und hilft so dabei, sie zu erkennen und anzunehmen.

Turmalin

Außer der bereits beschriebenen rosa (Rubellit + Wassermelonenturmalin) und schwarzen (Schörl) Version kommt Turmalin in nahezu allen Farben und Tönungen vor. Hier noch zwei Varianten:

Grüner Turmalin (Verdelith)

Als Stein des Ausgleichs und der Harmonie hilft der grüne Turmalin bei Leber-, Haut-, Kreislauf- und Nervenbeschwerden. Er unterstützt die Sauerstoffaufnahme des Blutes und stärkt die Abwehrkräfte.

Verdelith regt die Lebensfreude und die Kreativität an. Besonders mit einem rosa Turmalin zusammen auf das Herzchakra gelegt, erfrischt er das Herz und schenkt Mut und Energie.

Blauer Turmalin (Indigolith)

Die blaue Variante ist wesentlich seltener und entsprechend teurer als die schwarze, blaue oder grüne.

Blauer Turmalin hilft uns, Gedanken und Gefühle auszudrücken und stärkt das Lymph-, Drüsen-, Nerven- und Immunsystem. Das leuchtende, transparente Blau des Indigolith fördert die Konzentration, die Meditation, den Schlaf und die Klarheit des Geistes. Dieser Edelstein verbreitet Ruhe und Gelassenheit und hilft uns dadurch, mehr Selbstvertrauen zu gewinnen.

Türkis

Seit alters her wird der Türkis nicht nur wegen seiner leuchtenden hellblauen, grünen oder türkisen Farbe, sondern auch wegen seiner heilenden, reinigenden und schützenden Eigenschaften geschätzt. Viele Völker wie Perser, Tibeter, Indianer und Beduinen verwenden diesen kupferhaltigen Edelstein zum Heilen und als Schmuck. Beim Kauf dieses Steins sollte man jedoch auf seine Qualität achten, da viele Imitationen, Synthesen und gefärbte, pulverisierte und zusammengeklebte Steine auf dem Markt sind.

Dieser universelle Heilstein wird unter anderem für Augen, Galle, Herz, Leber, Lungen, Kehle und Schilddrüse eingesetzt. Auch bei Arthrose, Rheuma, Diabetes, Allergien, Entzündungen, Sexualstörungen, Grippe und Nervenkrankheiten ist er heilsam. Dieser schöne, farbenprächtige Edelstein regt Kreativität, Nächstenliebe, Intuition und Naturverständnis an. Außerdem ist er ein sehr guter Schutzstein gegen negative Energien.

Bei der Meditation verwendet, schenkt uns der Türkis Frieden und Verständnis.

Zoisit mit Rubin

Der grüne, opake Zoisit hat meist schwarze Hornblende- und rote Rubineinschlüsse. Diese Verbindung von Rot und Grün stärkt Geschlechtsorgane, Bauchspeicheldrüse, Herz und Lunge. Außerdem regt dieser Edelstein die Lebenskräfte an.

Zoisit verbindet die Sexualität mit der Liebe des Herzens. Er klärt die Gedanken, regt die Kreativität an und fördert die spirituelle Entwicklung.

Metalle und ihre Eigenschaften

Wie die Edelsteine, als Augen der Mutter Erde, haben auch die Metalle, als Knochen der Erde, ihre speziellen Wirkungen und ihren besonderen Charakter. So sind Glanz, Wärmeleitung, spezifisches Gewicht, Formbarkeit und Härte bekannte Eigenschaften der Metalle. Auch die Metalle zählen, wie die Edelsteine, zu den Mineralien, und jedes hat seine typischen Merkmale.

Noch weniger bekannt ist die Wirkung der Metalle auf den Menschen. Die Auswirkungen bei übermäßigem oder falschem Einsatz werden manchmal zwangsweise bewußt – sei es durch Metallallergien oder durch Störfelder im Mund, bei Verwendung verschiedener Metalle für Zahnfüllungen, -kronen oder -brücken.

Das Wissen um die Wirkung der Metalle könnte zu bewußterem Umgang und damit zu mehr Gesundheit und Wohlbefinden führen. Beachtung verdient dabei, daß der Charakter der Metalle durch Legierung mit anderen Metallen verändert werden kann. So besteht Gold in einer niedrigen Legierung von 8 Karat (= 333) nur zu einem Drittel aus Gold und zu zwei Dritteln aus anderen Metallen, was natürlich die Wirkung und Verträglichkeit entsprechend beeinträchtigt.

Bei der Auswahl eines Metalls sollte man auch

intuitiv entscheiden und dasjenige wählen, welches einen am meisten anspricht. Das kann sich auch, je nach Bedarf und körperlicher, geistiger oder seelischer Verfassung, ändern. Deshalb sollte man von Zeit zu Zeit nachspüren, wie die verwendeten Metalle auf einen wirken. Nachfolgend eine Auswahl von wichtigen Metallen:

Aluminium

Aluminium ist ein neuzeitliches Metall, das 1809 entdeckt wurde. Es wird unter Verwendung von sehr viel elektrischer Energie aus Bauxit gewonnen. Beim Herstellungsprozeß fallen große Mengen hochgiftigen Fluoridgases an, das manchmal dem Trinkwasser und auch Zahnpasten, angeblich zur Härtung der Zähne, zugesetzt wird. Amerikanische Untersuchungen haben jedoch gezeigt, daß der Zahnschmelz dadurch nur für zwei Jahre härter wird. Danach werden die Zähne noch anfälliger und spröder als zuvor.

Als Kochgeschirr hat Aluminium den Nachteil, daß sich, besonders beim Kochen von sauren Lebensmitteln, ein Teil des Metalls löst und mit den Nahrungsmitteln vermischt.

Aluminium ist dem Element Luft (Formbarkeit, Leitfähigkeit) und den Planeten Merkur und Neptun zugeordnet. Es regt den Geist und die Phantasie zu Höhenflügen und Träumen an.

Aluminium neigt zu Extremen wie »himmelhoch jauchzend« und »zu Tode betrübt«. Das Wesen dieses Metalles ist Improvisation, Leichtigkeit bis hin zum Leichtsinn, Anpassungsfähigkeit und Beweglichkeit.

Blei

Blei ist ein weiches, graues, giftiges und schweres Metall. Bei zuviel Blei reagiert der Körper mit Vergiftungserscheinungen wie kranken Zähnen, Haarausfall, schneller Alterung bis hin zu Erstarrung und Tod. Es ist dem Element Erde (Schwere, Festigkeit) und dem Planeten Saturn zugeordnet.

Blei stärkt die Vorstellungskraft, gibt Ausdauer und Festigkeit und wirkt beruhigend.

Gold

Das Sonnenmetall ist dem Element Feuer (Wärme, Vitalität) zugeordnet. Sein Reinheitsgrad wird in Tausendstel Teilen oder Karat angegeben. Zum Beispiel sagt der Goldstempel 750 aus, daß 750 Teile von 1000 reines Gold sind. Gängige Legierungen sind 333 (= 8 Karat), 585 (= 14 Karat) und 750 (= 18 Karat). Pures Gold hat meist einen Reinheitsgrad von 999 (= 24 Karat).

Die satte Farbe dieses Edelmetalls und sein matter Glanz strahlen Schönheit, Stärke, Reichtum, Männlichkeit, Vollkommenheit und Vitalität aus. Gold war schon immer das Metall der Könige. Heilkundige schnitten ihre Kräuter früher mit goldenem Werkzeug, um die bestmögliche Wirkung zu erhalten.

Goldschmuck wurde zu allen Zeiten sowohl als Zeichen der Würde, des Wohlstandes und Erfolgs, als auch zur Erhaltung der Gesundheit und zur Lebensverlängerung getragen. Mit Edelsteinen verarbeitet, stärkt Gold deren Wirkung.

Dieses Metall ist zwar sehr schwer, aber leicht

formbar, und es behält seinen Charakter sogar, wenn es hauchfein gewalzt oder zu dünnen Fäden gezogen wird.

Gold wirkt aktivierend, vitalisierend, reinigend, wärmend und ausgleichend.

Eisen

Eisen wird dem Element Feuer und dem Kriegsgott und Planeten Mars zugeordnet. Es wird größtenteils aus Eisenerz gewonnen. In purer Form kommt es in der Natur nur sehr selten, zum Beispiel in Meteoriten, vor.

Eisen symbolisiert Männlichkeit, Stärke, Mut, Härte, Aktivität, Selbständigkeit, Schutz, Erdverbundenheit und Willenskraft. Der eisenhaltige Blutfarbstoff Hämoglobin ist ein wichtiger Bestandteil der roten Blutkörperchen.

Auch manchen Steinen, wie zum Beispiel Silex oder Tigereisen, verleiht dieses Metall beziehungsweise sein Oxyd die rote Farbe.

Eisen wird bei Anämie, Schwäche, Leber-, Galle- und Nierenkrankheiten verwendet.

Kupfer

Wie Eisen findet man auch reines Kupfer in der Natur selten. Es wird oft mit Schwefel, Eisenmineralien, Sandstein und anderen Verbindungen zusammen gefunden. Kupfer ist auch in Edelsteinen wie Chrysokoll, Malachit, Azurit und Türkis enthalten und dort ausschlaggebend für deren grüne und blaue Farbe.

Dieses rötlich glänzende Metall ist dem Element

Wasser (Leben, Beweglichkeit) und dem Planeten Venus zugeordnet.

Kupfer steht für Liebe, Schönheit, Harmonie, Lebenskraft, Geborgenheit, Weiblichkeit und Heilung. Es wird oft als Armreif getragen, aber auch in der Homöopathie bei multipler Sklerose, Sexualproblemen, Nervenkrankheiten, Mattigkeit und zur Entgiftung eingesetzt.

Kupfer gilt als glückbringendes Metall; man sagt ihm nach, daß es Liebe, Freundschaften und Erfolg anzieht.

Messing

Wie Gold ist auch Messing der Sonne und dem Element Feuer zugeordnet. Aber es hat eine schwerere Energie als Gold. Es ist eine Legierung aus Kupfer und Zink.

Messing wirkt entgiftend, schützend und heilend. Bei Magenkrämpfen und Nasenbluten bringt es Besserung.

In der Magie dient Messing als Magnet für Geld und Erfolg.

Platin

Dieses weiße bis stahlgraue Metall ist seltener, härter und schwerer als Gold und Silber, außerdem ist es sehr korrosionsbeständig. Platinum (»kleines Silber«) ist dem Planeten Neptun zugeordnet.

Es wird in der Chirurgie, in der Homöopathie (bei Krebs, Lähmungen, Schock, Ängsten) sowie für industrielle Zwecke und für Schmuck (meist in einem Reinheitsgrad von 95 %) verwendet.

Platin stärkt die Augen, die Thymusdrüse, den Stoffwechsel und die Verdauung. Es gleicht die Chakras aus, aktiviert die Intuition und beruhigt. Im Übermaß kann es jedoch zu Gefühlskälte, Rücksichtslosigkeit und Überheblichkeit führen.

Silber

Das weibliche Mondmetall ist dem Element Wasser zugeordnet. Es wird zur Fotoherstellung (bewahrt Eindrücke), in der Industrie (gute Leitfähigkeit), in der Medizin (zum Beispiel bei Knochenverpflanzungen) und zur Schmuckherstellung verwendet.

Silber ist besonders für Kinder und für Menschen geeignet, die Schutz, Liebe, Phantasie, Intuition, Romantik und Sensibilität brauchen, denn es verstärkt diese Eigenschaften.

Im körperlichen Bereich wird es unter anderem für Augen, Durchblutung, bei Hepatitis, Kopfschmerzen, Mondsucht, Nervosität, Stoffwechsel- und Verdauungsstörungen eingesetzt. Die Wirkung der Edelsteine, die dem Mond zugeordnet sind, wie Mondstein und Saphir, haben eine stärkere Wirkung, wenn sie in Silber gefaßt werden.

Anhang

Literatur

Edelsteine und Heilung

Beeler, L. + W.: *Heilkraft mir der Stein verschafft*. Buchs CH, 1993, (Para Praktika)
Eine Wirkungsübersicht der Edelsteine mit farbigen Abbildungen.
Bind-Klinger, Anita: *Heilung durch Harmonie*. Grafing, 1992, (Aquamarin)
Die Edelsteine werden den verschiedenen Organen des Körpers zugeordnet und beschrieben. Ausführliche Heilungsmeditationen zur Ergänzung der Edelsteinwirkung runden das Buch ab.
Bonewitz, Ra: *Der Kosmos der Kristalle*. München, 1987, (Kösel)
Der Heiler und Naturwissenschaftler Bonewitz schreibt über die Entstehung, den Aufbau, die Wirkung und die Anwendung der Kristalle.
Burka, Christa F.: *Kristallenergien*. München, 1987, (Peter Erd)
Bewußter Umgang mit den Energien des Bergkristalls zur Heilung und Bewußtwerdung. Wie man mehr Gespür für die Kristalle und damit auch für sich selbst entwickelt.
Chocron, Daya Sarai: *Heilen mit Edelsteinen*. München, 1984, (Hugendubel)
Über die Eigenschaften, Farben, Wirkungen und Verwendungsmöglichkeiten der edlen Steine. Verschiedene Behandlungsmethoden und Erfahrungsberichte.
Chocron, Daya Sarai: *Heilendes Herz*. Grafing, 1988, (Aquamarin)
Das Herz-Chakra als Zentrum der Liebe und spirituellen Entwicklung sowie die dafür geeigneten Edelsteine.

Crow, William B.: *Die Magie der Edelsteine*. Basel, 1986, (Sphinx)
Einführung zur Bedeutung, Geschichte und Symbolik einiger Steine.

Deaver, Korra: *Die Geheimnisse des Bergkristalls*. Haldenwang, 1986, (Windpferd)
Die verschiedenen Aspekte des Bergkristalls und seine vielfältigen Anwendungsformen.

Dow, Jane A.: *Edelstein und Kristalltherapie*. Interlaken, 1993, (Ansata)
Behandlungs- und Diagnosemethoden auf der physischen, seelischen und spirituellen Ebene. Beschreibung von über 150 Heilsteinen. Aufbau einer Kristall-Therapie-Sitzung.

Florek, Reinhard: *Heilende Edelsteine*. Durach, 1989, (Windpferd)
Meditationen und Übungen mit Steinlegemustern. Verschiedene Steinbeschreibungen, Heilmethoden und Anwendungsmöglichkeiten.

Franzen, S., und Müller, R.: *Vital und gesund durch Farben und Edelsteine*. München, 1994, (Südwest)
Die Heilkraft sowohl der Farben als auch der Edelsteine.

Gurudas: *Heilung durch die Schwingung der Edelsteinelixiere. Band 1+2*, Neuhausen, 1990, (Urania)
Eine Fundgrube an »gechanneltem«, das heißt medial empfangenem Wissen über Edelsteinelixiere, sowie die Anwendung und Wirkung der Steine.

Hofmann, Helmut G.: *Gesundheit und Kraft durch Edelsteine*. München, 1993, (Hugendubel)
Umgang, Wirkung und Behandlungsmethoden mit Steinen. 33 farbige Edelstein- und Metallkarten und deren ausführliche Beschreibung. Edelsteintarot.

Hofmann, Helmut G. + Antje: *Die Botschaft der Edelsteine*. München, 1988, (Hugendubel)
52 vierfarbige Edelsteinkarten zur Auswahl des persönlichen Steins, zur Problemlösung und zum Kennenlernen der Edelsteine. Mit ausführlichen Beschreibungen im Begleitbuch.

Hofmann, Helmut G. + Antje: *Naturkosmetik mit Edelsteinen*. München, 1989, (Hugendubel)
Wie man Naturkosmetik mit Edelsteinen anreichert und selbst herstellt. Rezepte, Beispiele und die Grundwirkungsweisen der Edelsteine.

Huber, Franz J.: *Praktische Edelsteintherapie.* Kleindöttingen, 1991, (Heilkreis)
Die Wirkungen der verschiedenen Chakra-Steine und ihre Einsatzmöglichkeiten. Interessant sind besonders die farbigen Kirlianfotos von verschiedenen Steinen.

Katz, M.+G.: *Die Hüter der Edelsteine.* Grafing, 1990, (Aquamarin)
Die Engel und Devas des Mineralreiches und ihre Offenbarungen. Die Anwendungsmöglichkeiten von Steinen in Form von Kugelketten.

Klinger-Raatz, Ursula: *Die Geheimnisse edler Steine.* Haldenwang, 1986, (Edition Schangrila)
Die Aktivierung der Energiezentren mit Edelsteinen. Beschreibung der Chakrasteine und ihrer Wirkung.

Klinger-Raatz, Ursula: *Engel und Edelsteine.* Durach, 1988, (Windpferd)
Die Engel der Edelsteine und ihre Botschaften. Unterschiedliche Edelsteinschliffe und ihre Aussagen.

Korte, A. und Hofmann A.+H.: *Orchideen, Edelsteine und ihre heilenden Energien.* Freiburg 1992, (Hermann Bauer)
Die lichtbringenden Energien von je 20 ausgewählten Orchideen und Edelsteinen sowie deren Essenzen. Anwendungen, Affirmationen und Meditationen.

Krämer, Dietmar: *Esoterische Therapien 1.* Interlaken, 1993, (Ansata)
Heilen mit ätherischen Ölen und Edelsteinen in Verbindung mit Blütenessenzen nach Dr. Bach.

Laurich, Evi: *Pfeile des Lichts.* Interlaken, 1989, (Ansata)
Mineralwesen, Heilsteine, Rituale und Heilschmuck.

Lopes, Elke: *Esoterische Steinheilkunde I+II.* Ovelgönne-Stöckhausen, (Siddharta Kristall Healing Center)
Zwei Edelstein-Broschüren mit Informationen, Anwendungsbeispielen und Legemustern.

Markham, Ursula: *Universelle Kräfte der Edelsteine und Kristalle.* München, 1990, (Hugendubel)
Übungen, Weissagungs- und Pendeltechniken sowie astrologische Zuordnungen.

Morningstar, Rose: *Kristallbotschaft.* München, 1990, (Heyne)
Taschenbuch mit Meditationen, die helfen sollen, die Struktur der Kristalle zu erkennen und ihre Botschaften zu erfahren.

Palmer, Magda: *Die verborgene Kraft der Kristalle und der*

Edelsteine. München, 1989, (Heyne)
Ausgehend vom Sternzeichen und den persönlichen Bedürfnissen des Lesers werden die verschiedenen Steine zugeordnet.
Rätsch, Chr. und Guhr A.: *Lexikon der Zaubersteine*. Graz, 1989, (Akademische Druck- und Verlagsanstalt)
Das Wissen der verschiedensten Kulturen von der Symbolik und Kraft der Edelsteine.
Raphaell, Katrina: *Wissende Kristalle*. Interlaken, 1986, (Ansata)
Verschiedene Techniken, Legemuster und Meditationen mit Bergkristallen und Heilsteinen. Sehr ausführlich und einfühlsam geschrieben.
Raphaell, Katrina: *Heilen mit Kristallen*. München, 1988, (Knaur)
Fortgeschrittene Therapien mit Kristallen, Legemustern, Farbsteinen und Meisterkristallen.
Richardson, W. + J. und Huett, Lenora: *Die geistigen Heilkräfte der Edelsteine*. Grafing, 1987, (Aquamarin)
Ein »gechanneltes« Buch über die spirituellen, heilenden und energetischen Eigenschaften der Edelsteine.
Sharamon, S. und Baginski, B. J.: *Edelsteine und Sternzeichen*. Aitrang, 1989, (Windpferd)
Die Wirkung der Edelsteine und ihre Beziehung zu den Tierkreiszeichen.
Siebenthal, Eliette v.: *Hilf dir selbst . . . mit einem Stein*. Bern, 1990, (Eliette v. Siebenthal)
Amüsantes Büchlein mit Anwendungsbeispielen, Erfahrungen und Registern.
Silbey, Uma: *Heilkraft der Kristalle*. München, 1988, (Peter Erd)
Sehr ausführliches Buch über Kristalle, Energien und Heilung. Es werden viele Anwendungsmöglichkeiten und Meditationen gezeigt.
Simmons, R. und Warner, K.: *Moldavite: Starborne Stone of Transformation*. Heaven and Earth, P.O.Box 1641, Gloucester, Ma. 01930, USA, 1988
Interessantes Buch über den Moldavit aus wissenschaftlicher und esoterischer Sicht. Mit »gechannelten« Informationen sowie Erfahrungsberichten von verschiedenen Menschen. In englischer Sprache.
Sun Bear, Wabun Wind und C. Mulligan: *Das Medizinrad Praxisbuch*. München, 1993, (Goldmann)

Zeremonien, Kristallarbeit, Meditationen, Trommeleinweihungen und die Erstellung eines Medizinrades.

Uyldert, Mellie: *Verborgene Kräfte der Edelsteine*. München, 1987, (Hugendubel)
Die Bedeutung der Steine in Verbindung mit Magie, Astrologie, Kräuterheilkunde und Volksbrauch.

Vorreiter, Gunther: *Die Heilenergie der Edelsteine*. Baunach, 1994, (Deutscher Spurbuchverlag)
Versuch einer naturwissenschaftlichen Deutung.

Wind, Wabun und Reed, Anderson: *Die Macht der heiligen Steine*. München, 1988, (Goldmann)
Die Eigenschaften der Steine. Indianische Traditionen, Traumarbeit, Telepathie und weitere Themen.

Zahn, R.: *Einkaufsführer Edelsteine*. München, 1994, (Südwest)
Wirkung der Steine, Bezugsquellen, Preise und ein Kapitel über Synthesen und Fälschungen.

Edelsteinessenzen

Gurudas: *Heilung durch die Schwingung der Edelsteinelixiere, Band 1 + 2*. Neuhausen, 1990, (Urania)
Eine Fundgrube an »gechanneltem« Wissen über Edelsteinelixiere sowie die Anwendung und Wirkung der Steine.

Korte, A., und Hofmann A. + H.: *Orchideen, Edelsteine und ihre heilenden Energien*. Freiburg, 1992, (Hermann Bauer)
Die lichtbringenden Energien von je 20 ausgewählten Orchideen und Edelsteinen sowie deren Essenzen. Anwendungen, Affirmationen und Meditationen.

Heilige Hildegard und Edelsteine

Hertzka, Dr. G. und Strehlow, Dr. W.: *Die Edelsteinmedizin der heiligen Hildegard*. Freiburg 1985, (Hermann Bauer)
Beschreibung und Anwendung der Hildegard-Steine. Mit Farbfotos.

Schiller, Reinhard: *Hl. Hildegard / Atlas der Edelsteine und Metalle*. Augsburg, 1993, (Pattloch)

Die von Hildegard beschriebenen Edelsteine und Metalle werden mit Rezepten und Fotos übersichtlich dargestellt.
Termolen, Rosel: *Heilige Hildegard / Heilkraft der Edelsteine*. Augsburg, 1990, (Pattloch)
Eine wortgetreue Übersetzung der Edelstein-Medizin von Hildegard von Bingen.

Astrologie und Edelsteine

Braunger G. + R.: *Die Astrologie der edlen Steine*. München, 1988, (G. + R. Braunger)
Die Planeten mit den zugeordneten Edelsteinen, abgestimmt auf vier Lebensabschnitte.
Klein, N. und Dahlke, R.: *Das senkrechte Weltbild*. München, 1986, (Hugendubel)
In über 100 Tabellen werden alle Lebensbereiche mit den Tierkreiszeichen verknüpft.
Sharamon, S. und Baginski, B. J.: *Edelsteine und Sternzeichen*. Aitrang, 1989, (Windpferd)
Die Wirkung der Edelsteine und ihre Beziehung zu den Tierkreiszeichen.
Starck, Maria: *So heilt der Kosmos*. Aitrang, 1991, (Windpferd)
Planeten und Tierkreiszeichen in ihrer Verbindung zu Kristallen, Farben, Blüten und anderen Themen.

Steine bestimmen, sammeln und schleifen

Hahn, Max: *Edelsteinkunde – leicht gemacht*. Idar-Oberstein, (Industrie- und Handelskammer Koblenz)
Hartig, Herbert: *Edle Steine schleifen*. Stuttgart, 1974, (Frech)
Hochleitner, Rupert: *Edelsteine Kompaß*. München, 1986, (Gräfe und Unzer)
Hochleitner, Rupert: *Mineralien und Kristalle*. München, 1986, (Gräfe und Unzer)
Müllenmeister, H. J.: *Faszination Edelstein*. Markt Schwaben, 1990, (H. J. Müllenmeister)
Interessantes Anschauungsbuch mit 150 Mikrofotos

und vielen Informationen zu den Edelsteinen und ihren Einschlüssen.

Schumann, Walter: *Mein Hobby: Steine sammeln.* München, 1982, (BLV)

Schumann, Walter: *Edelsteine und Schmucksteine.* München, 1989, (BLV)
Ein umfassender Überblick über Entstehung, Aufbau, Eigenschaften, Lagerstätten und Bearbeitung. Auf 70 Farbtafeln werden 1500 Einzelstücke dargestellt.

Schumann, Walter: *Mineralien aus aller Welt.* München, 1991, (BLV)

Seim, Prof. Dr. R.: *Minerale.* Neudamm, 1981, (J. Neumann)

Zim, Prof. H. S. + Shaffer, P.: *Steine und Mineralien.* Stuttgart, 1974, (Delphin)

Metalle

Mees, L. F. C.: *Lebende Metalle.* Stuttgart, 1983, (J. Ch. Mellinger)
Die Welt der Metalle und ihr Zusammenhang mit dem menschlichen Leben.

Uyldert, Mellie: *Verborgene Kräfte der Metalle.* München, 1984, (Hugendubel)
Die Funktionen und Kräfte der Metalle und ihre Zuordnung zu den entsprechenden Menschentypen.

Reiki

Baginski, B., und Sharamon, S.: *Reiki – Universale Lebenskraft.* Essen, 1985, (Synthesis)
Das erste Reiki-Buch in Deutschland bringt viele Informationen und Anregungen zum Thema.

Hochhuth, Klaudia: *Reiki.* St. Goar, 1994, (edition Tramontane)
Über Geschichte, Theorie und Praxis von Reiki. Außerdem wird anhand von praktischen Beispielen geschildert, wie man Reiki in verschiedenen Lebenssituationen anwenden kann.

Horan, Paula: *Die Reiki-Kraft.* Aitrang, 1989, (Windpferd)
Theorie und praktische Übungen. Kombination von

Reiki mit Farben, Kristallen, Klängen und Massagetechniken.

Klinger-Raatz, Ursula: *Reiki mit Edelsteinen*. Aitrang, 1990, (Windpferd)
Die Verbindung von Reiki und Edelsteinen bringt eine verstärkte gemeinsame Wirkung. Die Handpositionen und verschiedene Reiki-Behandlungen mit ausgewählten Edelsteinen werden erklärt.

Lübeck, Walter: *Das Reiki-Handbuch*. Aitrang, 1991, (Windpferd)
Ausführliches Reiki-Praxis-Buch mit Handpositionen, Meditationen und Informationen über Düfte und Kristalle.

Lübeck, Walter: *Reiki, der Weg des Herzens*. Aitrang, 1990, (Windpferd)
Die spirituelle Entwicklung mit Reiki. Anwendung der Reiki-Lebensregeln. Die Möglichkeiten der verschiedenen Reiki-Grade.

Lübeck, Walter: *Die Reiki-Hausapotheke*. Aitrang, 1993 (Windpferd)
Reiki-Behandlungen zur unterstützenden Therapie von über 40 Krankheiten.

Lübeck, Walter: *Rainbow-Reiki*. Aitrang, 1994, (Windpferd)
Neue Techniken zur Reiki-Anwendung. Arbeit mit Reiki-Essenzen, Mandalas und Kraftplätzen.

Müller, B., und Günther, H.: *Reiki – Heile dich selbst*. München, 1991, (Peter Erd)
Zwei erfahrene Reiki-Meister berichten in Wort und Bild über die Anwendung von Reiki. Mit Erlebnisberichten aus der Praxis.

Schulte, Stefan: *Reiki und Energiearbeit*. Aitrang, 1994, (Windpferd)
Einführung in Reiki, die Einweihungsrituale und die Handpositionen.

Chakras

Sharoman, S., und Baginski, B.: *Das Chakra-Handbuch*. Durach, 1989, (Windpferd)
Vielseitige Informationen zu den Energiezentren des Körpers.

Hofmann H. und Baginski B.: *Die Chakras*. Bielefeld, 1993, (Context)
Übersichtliche Taschenkarte über die Chakras und die verschiedensten Zuordnungen, wie Edelsteine, Töne, Metalle etc.

Aromatherapie

Fischer-Rizzi, Susanne: *Himmlische Düfte*. München, 1989, (Hugendubel)
Düfte, ihre Wirkungen und Zuordnungen zu Elementen und Schwingungen. Erfahrungsberichte und Rezepte für Kosmetik und Massagen.

Henglein, Martin: *Die heilende Kraft der Wohlgerüche und Essenzen*. München, 1985, (Schönberger)
Über die Heilwirkung der Düfte.

Krämer, Dietmar: *Esoterische Therapien 1*. Interlaken, 1993, (Ansata)
Heilen mit ätherischen Ölen und Edelsteinen in Verbindung mit Blütenessenzen nach Dr. Bach.

Jünemann, Monika: *Verzaubernde Düfte*. Aitrang, 1988, (Windpferd)
Die feinstoffliche Wirkung der Düfte zur Anregung und Heilung. Mit Beschreibung der Duftpflanzen.

Schutt, Karin: *Aromatherapie*. Niedernhausen/Ts., 1990, (Falken)
Grundlagen der Aromatherapie und ihre Wirkung auf Körper und Geist. Rezepte zur Herstellung von Aromas und Kochrezepte mit Düften.

Tisserand, Maggie: *Die Geheimnisse wohlriechender Essenzen*. Aitrang, 1988, (Windpferd)
Wie »frau« Schönheit, Sinnlichkeit und Wohlbefinden mit Düften steigern kann.

Tisserand, Robert B.: *Aromatherapie*. Freiburg, 1994, (Hermann Bauer)
29 Essenzen, ihre Eigenschaften und Anwendungsgebiete werden geschildert. Ein Rezeptteil zur Herstellung von Ölen, Salben und Kosmetik rundet das Buch ab.

Blütenessenzen

Blome, Götz: *Mit Blumen heilen*. Freiburg, 1985, (Hermann Bauer)
Die 38 Bachblüten werden als Menschentypen beschrieben, so daß man sich selbst darin wiederfinden kann.
Helm, Beate: *Die Heilkräfte der kalifornischen Blütenessenzen*. Grafing, 1990, (Aquamarin)
72 verschiedene Essenzen und ihre Verwendung.
Krämer, Dietmar: *Neue Therapien mit Bach-Blüten, Band 1, 2 und 3*. Interlaken, 1991, (Ansata)
Man lernt, über zugeordnete Hautzonen und Akupunkturpunkte bei Problemen die richtige Blütenessenz zu finden. Die Beziehung der Blüten zueinander wird klargemacht, und es werden viele Anwendungsmöglichkeiten und Diagnosepraktiken gezeigt.
Krämer, Dietmar: *Esoterische Therapien 1*. Interlaken, 1993, (Ansata)
Hier werden den 38 Bach-Blüten die passenden Edelsteine und Düfte zugeordnet und können so nach einfachen Indikationen verordnet werden.
Müller, B., und Köpfer, S.: *Blütenbilder – Seelenbilder*. Braunschweig, 1991, (Aurum)
39 wunderschöne, großformatige Blütenkarten übermitteln die Ausstrahlung der Blüten. Auf den Kartenrückseiten wird jeweils die Wirkung und Einsatzmöglichkeit beschrieben.
Scheffer, Mechtild: *Bach-Blütentherapie*. München, 1984, (Hugendubel)
Eine umfassende Interpretation der Bach-Blüten aus geistiger, psychologischer und medizinischer Sicht.
Small Wright, Machaelle: *Die Perelandra-Blütenessenzen*. München, 1990, (Knaur)
Diese Essenzen sind als Ergänzung der Bach-Blüten gedacht. Mit Anleitung zur Herstellung eigener Essenzen und deren Anwendung im Alltag.

Farben

Hulke, Waltraud M.: *Das Farben-Heilbuch*. Aitrang, 1991, (Windpferd)
Eine Einführung in die Farbenwelt. Praktische Anwendung und die Bedeutung der Farben in der Ernährung.

Kraaz von Rohr, Ingrid S.: *Die Farben deiner Seele*. München, 1993, (Goldmann)
Die Farben der Aura und der Chakras. Ganzheitliche Therapievorschläge mit Farben.

Muths, Christa: *Farbtherapie*. München, 1989, (Heyne)
Wie man die Farben und ihre Wirkung bewußt ins Leben integrieren kann.

Wilson, A., und Bek, L.: *Farbtherapie*. München, 1989, (Scherz)
Der Einfluß der Farben auf Körper und Seele. Farben zur Selbstheilung.

Über den Autor

Helmut G. Hofmann, geboren 1948 in Nürnberg, lebt seit 19 Jahren auf Teneriffa, wo er als Heilpraktiker arbeitet und ein Edelsteincenter führt. Er ist Reikimeister und -lehrer und verbindet in seiner Behandlung Reiki und Edelsteintherapie. Zu diesen Themen veranstaltet er in Deutschland und Teneriffa Seminare. Außerdem entwirft und verkauft er individuelle, erlesene Schmuckstücke aus Gold und auserwählten Edelsteinen und stellt harmonisierende Edelsteinketten her.

Helmut Hofmann ist mit Veröffentlichungen wie *Die Botschaft der Edelsteine* und *Orchideen und Edelsteine* bekannt geworden.

Informationen über Seminare, persönliche Edelsteinketten und Steine:

Helmut G. Hofmann
Aquamarino – Oceano
E - 38240 Punta de Hidalgo
Teneriffa / Spanien